LOCUS

LOCUS

LOCUS

LOCUS

Smile, please

smile 140
管他的：
愈在意愈不開心！停止被洸腦，活出瀟灑自在的快意人生
作者：馬克．曼森（Mark Manson）
譯者：鍾玉玨
責任編輯：潘乃慧
封面設計：三人制創
校對：呂佳真
法律顧問：董安丹律師、顧慕堯律師
出版者：大塊文化出版股份有限公司
台北市105022南京東路四段25號11樓
www.locuspublishing.com
讀者服務專線：0800-006689
TEL：(02)87123898　FAX：(02)87123897
郵撥帳號：18955675　戶名：大塊文化出版股份有限公司

總經銷：大和書報圖書股份有限公司
地址：新北市新莊區五工五路2號
TEL：(02) 89902588　FAX：(02) 22901658
初版一刷：2017年4月
初版四刷：2024年3月
定價：新台幣300元
Printed in Taiwan

愈在意愈不開心！
停止被洗腦，
活出瀟灑自在的快意人生。

管他的！

馬克·曼森
MARK MANSON 著
鍾玉玨 譯

THE SUBTLE ART OF NOT GIVING A F*CK

A COUNTERINTUITIVE APPROACH TO LIVING A GOOD LIFE

目錄

上敲出幾行詩。但往往是醉得倒在地板上不省人事。

他就這麼過了三十年，日子渾渾噩噩，離不開酒精、毒品、賭博、妓女。從小到大，一事無成，對自己嫌東嫌西，不過說也奇怪，在他五十歲時，一家小型獨立出版公司的編輯突然看上他。該編輯無法支付他大筆稿費，也不保證他的書會暢銷。但他對布考斯基這個魯蛇與酒鬼卻有說不出的奇怪感情，決定冒險放手一試。這是布考斯基生平第一次真正走運，他心裡很清楚，這可能是他這輩子的唯一，所以他回信給那位編輯：「我有兩個選擇。一，繼續在郵局工作，然後發瘋……；二，離開郵局，試著邁向作家之路，然後餓死。我決定寧願餓死。」

他一簽完合約，短短三週便完成第一本小說，書名就叫《郵局》（*Post Office*）。在獻詞的部分，他寫道：「嘸人可獻啦。」

布考斯基一炮而紅，成了小說家與詩人，陸續出版了六本小說與數百首詩，銷售量突破兩百萬本。他一夕爆紅跌破大家眼鏡，連布考斯基本人也覺得匪夷所思。

像布考斯基這種大起大落的際遇，是我國文化表述與書寫的主要素材。布考斯基的人生體現了美國夢：為了理想奮鬥不懈，不輕言放棄，最後成功實現大夢。這樣的素材十之八九會被拍成電影。看到布考斯基這類故事，我們會說：「看到沒？他打死不放棄，屢敗屢試，相信自己一定辦得到，堅持到底，克服一個又一個難關，最後憑一己之力脫穎而出！」

但奇怪的是，布考斯基死後，墓碑上刻著：「別試了。」（Don't try，也有別硬撐、別勉強之意。）

看到了沒？儘管著作大賣，讓布考斯基名利雙收，但他就是個魯蛇，他本人也有這個自知之明。他之所以成功並非因為一心想往上爬，而是因為他**自知**是人生輸家，坦然接受這個事實，然後如實地寫出自己的遭遇與心境。他絕不會違背自我，勉強自己扮演別人。布考斯基的過人之處並非他能克服難如登天的障礙，或是把吃苦當吃補，最後如願發光，成為文學界的一盞明燈；而是他反其道而行，發揚負能量。他最大的本事不過是敢赤裸裸地將真面目（尤其是最糟糕、最惡劣的一面）全攤在陽光下，義無反顧地公開他的失敗史。

這是布考斯基成功發跡的真實故事：一點也不覺得身為人生失敗組有什麼丟臉。視成功為空氣，完全不把它當回事。就連成名了，他也依舊我行我素：在詩歌朗誦會上不客氣地對觀眾口出惡言；在公開場合露鳥；看到每個女人都想染指。名氣與成就沒有讓他改頭換面，變成更好的人；他也不想靠改邪歸正名利雙收。

不斷砥礪自己進步，成功不遠矣，但不代表兩者是同一件事。

今天的社會與文化過分強調不切實際的正向思考：要更開心、更健康、凡事爭第一（優於其他人）、更聰明、更敏捷、更富有、更性感、更受歡迎、更有生產力、更受人歆羨、更受人崇拜。此外，要十全十美、卓爾不群：早餐前清空肚裡的黃金，早飯後吻別隨時可自拍入鏡的另一半以及兩個半小孩（其中半個是毛小孩）。接著親駕直升機到辦公室，埋首於工作；這工作不僅能實現個人抱負，也極具意義，說不定將來能拯救地球。

不過，當你停下腳步認真思考後會發現，傳統的人生忠告與寶訓（不外乎正向、快樂的勵志言論），其實是一種固著現象（fixation），一直圍繞你**欠缺的東西與缺陷**打轉。這些忠告像雷射光，**讓你看見自己有哪些不足，看見自己對現狀有哪些不滿**，然後不斷提醒你，對你洗腦。你認真學習最佳的賺錢術，**因為**你認為自己錢賺得不夠多。你站在鏡子前，不斷替自己打氣，告訴自己「我很美」，**因為**你覺得自己不夠美。你拿著約會以及人際關係教戰手冊，因為你覺得自己不討人喜歡。參加可笑的心像練習（visualization exercise），希望自己更成功，**因為**你覺得自己不夠成功。

諷刺的是，固著於正向思考（要變得更好、更卓越）只不過一再提醒我們：自己不是什麼樣的人、自己缺了什麼、自己應該要做到卻做不到的事。畢竟，沒有一個真正開心的人需要站在鏡前，不斷催眠自己，說自己很開心，她**本來**就很開心啊。

德州有句諺語：「最小的狗叫得最大聲。」有自信的人，不須向他人證明自己有自信。有錢人不須擺闊，向別人證明自己有錢。不管你是不是應驗了德州那句諺語，你若老是奢求某樣東西，其實是不自覺地一再強化某個現實（unconscious reality）：你**不是那樣**的人。

周遭人以及電視廣告不斷對你洗腦，要你相信掌握快樂人生的關鍵，是有個更好的工作、有輛更拉風的車、有個更漂亮的女友，或是給孩子準備充氣式溫水泳池。社會不斷告訴你，通往美好人生之途就是不斷地增加，有一還要有二、有三……買了再買、有了再有、做了再做、上了再上、多還要更多。你沒有一秒鐘不飽受資訊轟炸，無論大小事，樣樣你都要在意、花心思。在意要不要買台電視機，在意度假有沒有比同事玩得更開心，在意要不要把那個草坪飾品買下來，在意哪支自拍棒適合自己。

為什麼？依我猜測，因為消費者在意愈多，買得也愈多，自然有助於活絡市場。

對店家而言，生意上門固然是好事，但是身為消費者的你，在意太多，對自己的心理健康可不是好事。久而久之，你會過度專注於表象與假象，將人生花在追求虛幻的快樂與滿足。美好人生的關鍵是放下，管他那麼多幹嘛。我們應該在意怎麼減少而非增加，只需在意真相、當下以及重要之事。

周而復始的回饋迴路惡性循環

人腦裡有個隱伏的怪咖，若放任它不管，會讓你完全抓狂。看看下面的例子，是否覺得似曾相識？

想到要當面和某人對質，心情忐忑不已。忐忑焦慮讓你坐困愁城，啥事也做不了，然後你開始自問，怎麼會這麼焦慮？這下你因為**探究焦慮而焦慮**。喔，糟糕！雙倍焦慮！為焦慮而焦慮，焦慮有**增**無減。快，我的威士忌在哪兒？

或者，我們來談談你的脾氣。你為了一件愚不可及的鳥事發火，而你並不知道為什麼自己這麼容易動怒，這下你更怒了。然後，在怒火未全熄下，你發現動不動就生氣把自己搞得膚淺又小氣，你不喜歡這樣。因為太討厭這樣的自己，你對自己也怒了。你看看自己：你怒自己為生氣而生氣。去你的，忍不住拳頭就往牆壁招呼。

又或者，你老是擔心自己有沒有做對的事，擔心復擔心，久了質變成擔心自己擔太多的心。或是你每犯一次錯就心懷愧疚，繼而開始對自己心懷愧疚感到愧疚。抑或動不動就傷心、落寞，後來僅僅一想到這狀態，就更傷心、更落寞。

歡迎進入周而復始的回饋迴路（feedback loop）惡性循環。很可能你已經歷過幾次，或者現在都還深陷其中。「天啊，我怎麼老在重複回饋迴路——我實在是再失敗不過的遜咖。我應該停止這樣下去。唉，連自稱是魯蛇，都讓我覺得是十足的失敗者。我應該停止看扁自己。喔，去他的！我這老毛病又犯了！看到了沒？我是魯蛇！啊，我受不了啦！」

朋友，冷靜點。信或不信，這正是身為人類的精彩處。首先，地球上少之又少的動物具備深思熟慮的能力，但人類卻擁有這難得的資產，有能力思索探究自己的想法。於是我想起自己曾上影音網站 YouTube 觀看迪士尼小天后麥莉．希拉（Miley Cyrus）的影帶，事後覺得自己真是個神經病，竟會想看麥莉．希拉的演出。啊哈，多神奇的自覺力！

這下問題來了：當今社會透過消費文化（標榜產品有多麼神通廣大）、社群媒體（不外乎炫耀自己過得比別人酷炫），讓世人漸漸相信，焦慮、恐懼、愧疚感等負面情緒毫不可取。我的意思是，若打開臉書動態功能，每個人似乎都過得洋洋得意。靠，本週就有八個朋友結婚！電視播出某個十六歲少女生日禮物竟是一輛法拉利。一個屁小孩發明了一個應用程式（衛生紙用完會自動到府補貨），二十億美元輕鬆入袋。

反觀你，宅在家裡替愛貓剔牙，忍不住嫌自己，人生過得真遜。

回饋迴路惡性循環與流行病幾乎只剩一線之隔，我們許多人已因它承受過大的壓力，過於神經質，也過於嫌棄自己。

回到我祖父那個年代，他日子若過得不順遂，一樣會抱怨人生糟透了，但是他可能會說：「哇塞，我百分之兩百覺得自己今天過得跟牛屎一樣背。但是……唉，管他的，這就是人生，還是認命地乖乖回去鏟乾草吧。」

時間轉到今天，大家會怎麼反應？假若你覺得今天真是他×的有夠背，儘管這情緒只有短短五分鐘，但已經有三百五十張炫耀人**生何處不幸福**、**何處不風光**的照片，朝著你窮追猛打，你不可能不自我懷疑，自己是不是哪裡不對勁。

就是這懷疑自我、嫌棄自我，讓我們走不出自責的惡性循環。我們不爽自己感到不爽，愧疚自己心生愧疚，生氣自己發火，焦躁自己變得焦躁。**唉，我到底怎麼了**？

這也是「管他的」何以這麼重要，甚至可以拯救世界，因為這世界就是這麼地該死，但那又怎樣，關我們啥事。學著放下，因為現實一直都是這樣，未來也不會改變。

別在意你心情不好，學著放下，如此一來，你的回饋迴路就會短路斷線。你要跟自己說：「我覺得糟透了，但是管他的，誰在乎呢？」然後，恍若被撒上一層名為「管他的」魔法仙塵，不再因為心情不佳而嫌棄自己。

喬治．歐威爾（George Orwell）說過，為了看清眼前的世界，需要抗爭、抗爭、再抗爭。其實釋放壓力與焦慮的辦法近在眼前，只是我們太忙，無暇注意，反而只顧著欣賞養眼照、成人電影，或是忙著研究健腹器材的廣告（其實這些器材根本沒用），埋怨自己怎麼沒練出線條分明的六塊肌與人魚線，順利泡上一個金髮妞。

我們在網上嘲笑「第一世界種種無病呻吟的問題」（First World problems），但我們的確為成功付出了代價。過去三十年，壓力導致的健康問題、焦慮以及憂鬱症大幅飆高。家家戶戶裝了液晶電視，享有日用品宅配到家的服務；儘管走過吃不飽、穿不暖的危機，卻換成精神上、形而上的危機找上我們。現在有太多事情要煩心，有太多機會可選擇，以致不知該怎麼取捨，不知什麼該在意，什麼不該在意。

我們可見、可知的事物多到數不清，同理，世上有數不清的辦法與方式讓我們知道自己不夠格、不夠好，讓我們認清事情並非我們想像的那樣，因此覺得糾結，甚至撕心裂肺。

近年來，「追求快樂人生」之類老掉牙的文章，在臉書轉載分享了八百多萬次，但這些文章根本鬼話連篇，狗屁不通，以下才是真理，只不過大家都不明白：

冀求正向思考、正向經驗，本身就是一種負向的生活經驗。說來弔詭，坦然接受自己負面思考與負面能量，反而是正向思維。

這完全顛覆了慣有的思維（mind-fuck）。所以我給你一分鐘好好整理思緒，或者再讀一遍這句話：**冀求正向思考、正向經驗，其實是負面作為**。這也是已故英國哲學家艾倫．華茲（Alan Watts）所謂的「逆向法則」（backwards law），一個人愈是用力追尋快樂，愈不容易快樂滿足。因為愈去追求什麼，代表你愈缺什麼。一個人滿腦子愈想致富，不管賺再多的錢，愈是覺得自己很窮、一文不值。一個人愈是強烈地想變成讓大家心動的性感美女，每看一次自己，愈是覺得自己醜，儘管實際長相並沒有那麼不堪。愈是強烈地想過得開心、人見人愛，反而變得愈孤單、愈膽小害怕，儘管身邊有眾人圍繞。愈是強烈地想提升心靈層次，愈是變得自以為是與膚淺。

這就像有次我嗑藥之後，想一步步靠近住家，房子反而離我愈來愈遠。是的，我剛剛借用吸食迷幻藥之後產生的飄飄然幻覺，點出追求幸福快樂背後的哲學思維：別他媽的管東管西、瞻前顧後，幹嘛在意那麼多。

存在主義哲學家卡繆（Albert Camus）說過（我打包票他說這話時，絕沒有嗑藥）：「愈是追求與探索構成幸福的因素，愈是與快樂無緣。愈是追求生命的意義，愈不懂得生活。」

換個更簡單、更直白的說法：

別硬撐，別勉強。

等等，我知道你想說什麼：「馬克，聽你這麼一說，我興奮地奶頭都變硬了，但我為了雪佛蘭卡馬龍跑車（Camaro，電影《變形金剛》裡的大黃蜂）辛苦存了這麼久的錢，就這麼放棄嗎？為了凹凸有致的火辣身材餓了這麼久，難道就這麼放棄嗎？畢竟，我已花了大錢添購健腹機！還有，我一直奢想的那棟湖邊大宅？若把這一切都放下，不再念念不忘，我可能**一事無成**過一輩子。你不希望我這樣吧？」

很高興你提出這個問題。

不知道你有沒有發現，當你對某件事愈**不**在意，你對那件事的表現與掌控其實愈好。最不在意某事成敗的人，最後卻插柳成蔭。當你停止在意，一切的問題似乎都迎刃而解了。

到底這是怎麼回事？

逆向法則講究「退一步」、「留餘地」，其實是有道理的：「管他的」之所以有用，發揮的是以退為進、欲擒故縱、以不變應萬變的逆向操作。若擁抱正向**是**負面思維，那麼接受負面思維其實會激發正向意識。在健身房忍受痠痛煎熬，有利健康與精力獲得全方位的改善。失敗是成功之母。勇於面對怯懦與不安全感，反而更自信、更有群眾魅力。誠實以對儘管痛苦，卻最能催生關係裡的互信與互重。經歷恐懼與焦慮之痛，反而讓你勇氣十足、堅持到底。

說真格的，我可以繼續長篇大論下去，但你應該已抓到重點。**人生裡值得的一切均得經歷一番波折等負面的生命經驗才可得**，逃避、壓抑、消音只會招來反效果。逃避受苦**會**繼續受苦，逃避糾結**會**繼續糾結，否認失敗**會**繼續失敗，掩飾丟人現眼的一面**才**叫丟人現眼。

人生恍若織布，少不了疼痛這條織線。硬把疼痛線從布疋上扯掉，不僅行不通，還會讓整塊布四分五裂。想方設法避開疼痛，意味太在意疼痛。反之，面對疼痛，若能一笑置之，你將銳不可擋、攻無不克。

我這輩子在意太多事情，但是對很多事情也**一笑置之**。這種「管他的」態度，彷彿一條被大家忽視、沒人走的路徑，踏上後，一切將有所不同。

你這一生可能遇過這種人，偶一為之的「管他去」發作，結果締造驚人的成就。你本人這輩子也可能有過「管他去」的經驗，沒想到一鳴驚人，登上讓人望塵莫及的高度。以我自己為例，不顧一切辭掉才做了六週的財務工作，另在網路創業，高居「管他的」名人榜前幾名。後來又「管他的」賣掉大部分資產移居南美洲。會瞻前顧後嗎？一點也不，想到就去做了。

「管他的」想法一冒出來，人生藍圖就此峰迴路轉：職涯出現重大轉彎；一時衝動從大學退學加入搖滾樂團；終於下定決心，甩掉又渣又廢的男友（你頻頻逮到他偷穿你的絲襪）。

「管他的」是一種人生態度，睥睨讓人惶恐不安以及難以克服的挑戰，並照常行動。

「管他的」表面上看似簡單，其實不然，要掀開蓋子，才看到又一袋的墨西哥捲餅。不好意思，連我自己也不知道這句話是啥意思，但管他的呢！我只是覺得一袋墨西哥捲餅聽起來很屌，所以大家聽懂就好。

我們多數人的生活裡充滿糾結與掙扎，因為過於在意不該在意的東西。我們太在意加油站服務員態度不佳，抱怨他們找錢時盡給零錢。太在意電視台突然停播我們喜歡的一檔節目。太在意同事沒好奇地問我們週末怎麼過。

同時間，我們的信用卡刷爆了，養的狗討厭我們，念國三的小孩在浴室吸食甲基安非他命（甲安），而我們卻還在為對方只找零錢以及電視停播《大家都愛雷蒙》（*Everybody Loves Raymond*）氣得跳腳。

聽好啦，人生就是這麼回事，你終將會死。這道理大家都明白，但我怕你忘了，所以再提醒你一次。你和大家一樣會步入死亡，只不過早晚罷了。短暫的人生，你能在意的事情有限，而且非常有限。若你沒有自覺，不知取捨地在意每件事、每個人，不久你就會掛了，還會被人嫌到不行。

管他的、懶得鳥他，是一門高深工夫。儘管這說法聽起來有些荒謬可笑，搞不好還有人罵我是混蛋。其實我要說的是，我們必須學習聚焦、學習有條不紊地整理思緒。然後選出對自己重要的東西，捨掉不重要的，取捨標準是依據個人不斷琢磨與微調的價值觀。這工夫得之不易，需要花一輩子修練才行。期間你會一再失敗，但這可能是一個人一輩子最值得費神的糾結，也可能是這輩子**唯一**的糾結。

你過於在意每個人、每件事。因為自覺付出很多，所以覺得自己理應時時刻刻都過得開心愜意，每件事理應照**你**要的方式進行，這是一種病，會活剝生吞你。你把每一次逆境或不順心視為不公不義、每一次挑戰視為挫敗、每一次不便視為在找你碴、每一次的意見不合視為背叛，結果走不出思維的死胡同，飽受自覺該得到卻得不到的煎熬，在自己惡性循環的回饋迴路裡兜圈子，動個不停卻哪裡也到不了。

「管他的」是一門高深工夫

多數人對「管他的」若有什麼想法，不外乎波瀾不驚、漠不關心、泰山崩於前面不改色等等。他們期許自己不受任何事情動搖，不向任何人低頭。

一個人對每件事都不動感情，覺得任何事都沒有意義，這樣的人有個名字：精神變態（psychopath）。你怎麼會想和精神變態一樣？說實話，我還真想不通。

那麼「管他的」**到底**是什麼意思？先研究以下三種「高深工夫」，應該有助於你釐清這個問題。

高深工夫1：「管他的」不代表漠不關心；而是就算和別人不一樣，依舊愜意自在。

我先說清楚。漠然、對啥都提不起勁，絕對不能和可敬或自信畫上等號。對什麼都無動於衷的人，既無能又膽小。他們是沙發上的馬鈴薯、網路上的酸民（Internet troll）。漠然的人往往擺出一副無動於衷的樣子，其實這反而欲蓋彌彰，顯示極在意別人怎麼看他們。他們他X的在意別人怎麼看他們的髮型，因此故意懶得洗頭與梳頭。他們他X的在意別人怎麼看他們的想法，因此故意酸言酸語、自以為是的批評東批評西。他們害怕與任何人走太近，因此自以為自己獨一無二，沒人能理解他們的問題與內心世界。

冷漠的人害怕這個世界，也不敢面對選擇造成的衝擊與後果，因此遇上重大關卡，乾脆不做任何選擇。他們隱身在自己一手打造的地洞裡，在他們那個毫無喜怒哀樂的灰色世界中，眼裡只有自己，只會自怨自艾。他們一再和這個需要時間與精力關注的不幸人生（或生活）劃清界線。

關於人生，有一條不成文的真理：世上沒有「不用在意」這回事。**你這輩子勢必在意某樣東西或某個人**。在意與關心是我們生理構造的一部分，因此我們一定會時時刻刻在意這或掛心那。

這下問題來了。**什麼**是我們該在意的？我們該**選擇**什麼作為在意的對象？怎麼樣才能不在意那些不重要的鳥事？

我母親最近被一位好友騙了一大筆錢。獲悉後，若我覺得事不關己，我會聳聳肩，喝著我的摩卡，一邊下載最新一季的電視劇《火線重案組》（*The Wire*），心不在焉地對母親說：「悲摧啊，媽。」

但我並未無動於衷，反而氣炸了。我說：「去他的。媽，我們一定要告他告到底，一定要將這混蛋繩之以法。為什麼這麼激動？因為我什麼也不管啦（don't give a fuck，亦有豁出去之意）。必要的話，我一定要搞砸這傢伙的人生，讓他生不如死。」

以上說明了「管他的」的第一門高深工夫。當我們說：「要命，小心啊！馬克．曼森啥也不管了。」這話的意思不是馬克．曼森**什麼**也不在乎；相反地，這意味馬克．曼森不在乎會碰到多少障礙，目的未達前絕不罷休。只要他覺得正確、重要、高尚，他會不顧一切往前衝，就算惹誰不快也在所不惜。也就是說，馬克．曼森是以第三人稱的語氣敘述自己的行動，只因他認為這事是他該做的，下定決心，管他的，豁出去再說。

所以這崇高得讓人敬佩。別誤會，不是要大家崇拜我這蠢蛋啊。我說的是克服障礙這回事，以及義無反顧，敢和別人唱反調、敢當異類、敢被社會唾棄，一切只為了捍衛自己的價值觀。他們敢直視失敗，敢對失敗比中指。他們不在乎打擊、挫折，不在乎當眾出洋相，不在乎一敗塗地。對於訕笑，他們一笑置之，然後繼續為理念與目標奮戰，因為他們知道這麼做才對，知道這事比他們重要，比他們的感覺、自尊、自我都來得重要。他們說「去他的」，並非針對生命中一切的人與事，而是針對生命中一切的**無關緊要**。他們把「操心」（fucks）留給真正重要的人與事，包括朋友、家人、存在目的、墨西哥捲餅，以及偶爾纏身的一、兩件官司。由於他們的操心只留給重要的大事，所以別人也會把心思與注意力保留給他們。

人生還有一個不成文的真理。你對某人而言可能是個貴人、可能是他人生的轉捩點，但對其他人而言，你可能是個笑話或難堪的提醒。這兩種角色並存，不可能只有好、沒有壞，因為人生不可能一帆風順，碰不到逆境。有句古諺說：無論置身何處，隨遇而安（No matter where you go, there you are）。同理也適用於逆境與挫敗。無論走到哪兒，反正都躲不掉五百磅重的屎等著你。其實這完全不礙事，重點不是想方設法遠離屎，而是找到你樂於打交道的屎。

高深工夫2：別在意逆境，首先應該操煩比逆境更重要的東西。

想像你在一家生活用品店，看到一個上了年紀的婦女對著收銀員咆哮，怒罵他不接受她的三毛錢折價券。這婦女為什麼發飆？不過是區區三毛錢罷了。

讓我告訴你原因吧：這婦女每天無所事事，最大的樂趣可能就是收集各種折價券。她上了年紀，又一個人生活，孩子不孝，從未回家探視她。她已經三十多年沒有性生活，健康不佳，每次放個屁，下背就疼得要命。她的年金花得快見底了，可能得包著尿布直到進棺材，兒時遊戲「糖果樂園」（Candy Land）已離她甚遠。

所以她收集折價券，這是她人生僅剩的樂趣。她在意的東西只剩她自己以及該死的折價券，而那個臉上長滿痘痘的十七歲收銀員捍拒她的折價券，不讓折價券玷污收銀機的架式，恍若中世紀挺身捍衛淑女貞操的騎士，這下老奶奶不爆發才怪。在意了八十年的東西被人嫌，不爽如暴雨傾瀉而下，然後滔滔不絕端出「我那個年代……」、「以前的人多懂得敬老尊賢……」等等，沒完沒了地說教個不停。

有人動不動就不爽爆粗口，連參加個該死的夏令營，都要對主辦單位選購的冰淇淋嫌棄一番，可見他們生活多無聊，找不到可讓他們操煩的大事。

倘若發現自己沒完沒了地對雞毛蒜皮的事過於費心，諸如前男友在臉書換了新的大頭照，電視遙控器的電池一下子就沒電，又錯過了乾洗手液買一送一的特賣活動。若真是這樣，很可能是你的人生平順，沒發生什麼值得讓你理直氣壯操心的大事。但這才是問題的所在，而非沒買到乾洗手液，也不是電視遙控器惹你不快。

我有次聽到一位藝術家這麼說，一個人若沒有問題，心思會自動想辦法製造一些問題。我想多數人（尤其是高學歷、受寵的白人中產階級）所謂的「人生問題」並非問題，說穿了不過是生活裡沒有可擔心掛慮的要事而無病呻吟。

照此邏輯，花時間與心力找出重要、有意義的事情，也許是最有效益的投資與運用。因為找不到有意義的事情，你的在意與操心可能花在無聊、微不足道的鳥事上。

高深工夫3：不管你明白與否，你一直在取捨什麼該在意、什麼不該在意。

人並非天生就懂得不在意，其實，過於在意才是天性。看過小男孩為了帽子不是他要的藍色色調而哭得死去活來嗎？去他的小屁孩。

我們年輕時，覺得一切都那麼新鮮刺激，一切都不容小覷。用放大鏡檢視一切，斤斤計較得不得了。我們在意每個人、每件事。在意別人對我們的評價，在意那個可愛的男生／女生是否回我們電話，在意襪子是否和服飾相配，在意生日派對上的氣球是什麼顏色。

年紀漸長，經驗多了（也目睹時間飛逝），我們漸漸意識到，這類事情不太會對我們的人生造成長久衝擊。我們之前甚為在意某些人的意見與看法，現在這些種種和我們的人生再無瓜葛。當年被人拒絕是多麼痛不欲生，而今看來卻是對我們最好的結果。我們明白他人鮮少注意到關於我們的表面細節，於是不再讓自己過於執著這些無足輕重的細節。

久而久之，我們愈來愈知道什麼才是我們該在意的，這就是所謂的成熟。這樣不錯，你應該試試。一個人學會只操心真正值得操心的事，就叫作成熟。一如《火線重案組》的警官邦克．莫蘭德（Bunk Moreland）對搭檔吉米．麥克納提（Jimmy McNulty）說：「本來不是你該在意的，你卻雞婆多事，結果搞得自己被人嫌。」呔！沒錯，我還是下載了這齣電視劇。

隨著年紀漸長，到了中年，一些東西開始出現變化：體力下降、自我認同感愈來愈根深柢固。我們清楚自己是怎樣的人，並且接受這樣的自己，包括不是十分光彩、傲人的一面。

說來奇怪，這反而是一種解放，我們不再對大小事斤斤計較，看透人生就是如此，不管好壞，坦然接受。我們明白，不可能治癒所有的癌症，這輩子不可能登上月球，不可能摸到好萊塢女星珍妮佛・安妮斯頓（Jennifer Aniston）的美胸。但是沒關係，日子還是要過。我們保留日漸縮水的操心給人生真正值得關注的事：家人、密友、高爾夫等等。說來讓人驚訝，**這樣也夠多了**。將操心的事精簡之後，我們的生活可以該死地開心，而且開心得長長久久。我們不禁要想，布考斯基這個瘋癲的酒鬼搞不好在謀畫什麼。**別硬撐，別勉強**。

馬克，這本書到底有什麼意義？

本書有助於你進一步想清楚自己的選擇，從中判斷生活裡什麼重要、什麼不重要。

我相信，現代人多少要面對一種日益流行的心理疾病：大家再也無法容忍，有時糟糕的事並非壞事。我知道這乍聽之下好像是懶得動腦的結論，但我向你保證，這是攸關生死的大事。

因為我們相信，示弱不被允許，事情不容搞砸，所以真的把事情搞砸的時候，會不自覺地自責。我們開始懷疑自己是不是天生就有問題，這種不安全感逼得自己出現各種過度補償的行為（overcompensation），諸如一下子狂買四十雙襪子，週二晚上就著烈酒的酒後水吞服鎮靜劑贊安諾（Xanax），或是乾脆拿槍掃射滿載學童的校車。

這都是因為堅信人不可以示弱、不可以有不足或缺陷，結果讓自己陷入惡性循環的回饋迴路，社會與文化也漸漸被這樣的心態與機制主宰。

管他的、不在意、甭操心，這種態度是重新調整我們對生活與生命期許的簡易辦法，讓我們學會取捨，知道什麼重要、什麼不重要。有了這個能力，就擁有了我所謂的「實用性開竅」（practical enlightenment）。

這類開竅並非虛無縹緲、無病無痛、整日開開心心之類的胡謅，而是務實、泰然地接受受苦乃人生常態，明白不管付出多少，人生就是存在挫敗、失去、遺憾，甚至死亡。一旦能泰然面對生活丟給你的各種磨難（相信我，磨難通常是接二連三不會停），你多少會在精神與心靈上所向無敵。總之，克服疼痛的第一步（其實也是唯一的辦法）便是學習忍受疼痛。

本書完全不提怎麼做可以解決你的難題或緩解你的痛苦，本書不喜歡拐彎抹角，所以直白地說，本書並非助你邁向成功的工具書，也不可能成為這類的書籍，因為成功是我們腦袋憑空想像出來的幻影，是鞭策我們前進的虛構目標，是我們心靈的亞特蘭提斯（Atlantis，傳說中沉沒於大海的虛幻島嶼）。

反之，本書意在幫你將痛苦化為勵志的工具，將創傷化為力量，將問題稍稍升級到正面的層次。這是非常實在的提升。本書有如指南，教導你如何把吃苦當吃補，如何更寬心、更謙卑地看待受苦。就算背負沉重的包袱，還能夠苦中作樂、輕鬆生活。面對恐懼，不驚不疑；淌淚時，淡然笑看一切。

本書不是成功學書籍，不會教你求勝，而是教你怎麼放下，甚至怎麼求敗。教你盤點人生，去蕪存菁，只留下人生最重要的精華。教你閉上眼睛，放心地往後倒，無須擔心會受傷。教你少操點心，不要硬撐、勉強自己。

第2章 幸福快樂不見得是好事

兩千五百年前，一座豪華宮殿坐落在今天尼泊爾所在的喜馬拉雅山腳下，一位國王喜迎兒子的誕生。他為兒子許了一個宏願，希望兒子一生平平順順，連一分鐘的苦都不要受，有什麼需要或要求，隨時有人服侍在側、噓寒問暖。

國王在宮殿四周築起高牆，以免王子被外面的世界污染。他寵溺王子，美食、禮物不斷之外，服侍他的僕役也對這個小王子唯命是從。一如計畫，王子長大後不知民間疾苦，不懂人世險惡。

王子就這麼無憂無慮地度過童年，儘管錦衣玉食，脾氣卻愈來愈暴躁，動不動就發飆。漸漸地，他覺得人生空洞、無趣。不管國王給他什麼，似乎都無法滿足他，不覺得這些東西有何**意義**。

某天深夜，王子偷溜出宮殿，想看看宮牆外的世界，僕役駕車載他穿過村落，結果他被眼前的世界嚇了一跳。

他生平首次看到人間疾苦，看到病人、老人、無家可歸的人、受苦的人，甚至瀕死之人。

王子返回宮殿，開始懷疑一切，並陷入存在危機（existential crisis）。他不知該如何消化之前所見的疾苦，因此動不動就發脾氣，口出怨言。和一般的年輕人一樣，王子將矛頭指向父親，指責一切都是父親的錯。王子心想，財富害人不淺，不僅害自己不幸，也讓他的人生失去意義。他決定離家出走。

他和國王畢竟是父子，和國王一樣，他也給自己許了大願。他將不只離家出走而已，而是要徹底放下一切，包括王室頭銜、家人、財富等等，然後流浪街頭，和動物一樣席地而睡。今後他要讓自己挨餓、受苦，向陌生人乞食。

隔天晚上，王子再度偷溜出宮，而且一去不返。接下來多年，他過得跟乞丐一樣，被社會唾棄、遺忘，卑微地蜷伏在社會最底層。一如預期，王子受盡折磨，離不開病痛、挨餓、孤獨，日漸衰老。他時時站在死亡的邊緣，每天往往僅有一粒堅果充飢。

幾年過去，又過了幾年，一切似乎還是原狀。王子開始意識到，人生苦難並非如外界吹捧得那麼有意義，至少並未帶給他冀求的洞見與智慧，未引領他進入宇宙更深的祕境，也未能明白苦難的最終目的。

不過，王子漸漸瞭解到我們其他人一直都知道的事實：自討苦吃是屁話，受苦並非想像中的那麼有意義。受苦和享富一樣，若少了目的，不具任何價值與意義。不久，王子有了結論。他瞭解到自己的發願與父親的發願一樣糟透了，因此應該改變計畫，做些別的才對。

滿心困惑的王子洗去一身髒污，在河邊找到一棵大樹席地而坐。他打定主意，要一直坐到自己悟出另一個大道理後才起身。

根據傳說，困惑的王子坐在樹下四十九天後悟道。我們姑且不去追究坐在樹下四十九天不動，生理機能受不受得了，這裡還是將重點擺在王子在這段時間參透了哪些人生道理。

其中一個是：生命本身就是一種苦。富人苦，因為財富；窮人苦，因為貧窮；孤苦伶仃的人苦，因為孤苦伶仃；有家眷的人苦，因為有家眷；追求享樂的人苦，因為沉溺於享樂。杜絕享樂的人苦，因為克己遠離享樂。

這不代表所有苦難都相等，有些苦的確比其他苦來得痛，但我們依舊得受。

數年後，王子建立了一套自己的哲理，並公諸於全世界，其中第一條也是所有教義的核心是：痛苦與失去是人生逃避不了的常態，不要勉強自己對抗與排斥。這位王子後來成了世尊佛陀。萬一你沒聽過這個人，我告訴你，他可是了不起的大人物。

我們討論的諸多假說與主張都有個前提：快樂是演算出來的（algorithmic），可以追求、可以努力掙得、可以如願成就。快樂彷彿如願進入法學院，或是成功完成高難度樂高積木組之類的東西。若我成就了X，我就會開心。若我長得像Y，我就會開心。若我可以和Z這樣的人在一起，我就會開心。

這樣的前提其實**問題重重**，因為快樂並非是公式可解的等式。不滿、不安是人類的天性，也是實實在在快樂幸福的必備元素。佛陀從神學與哲學的觀點悟出這番道理，我也會在本章提出相同的主張，但會根據生物學的觀點，並透過大貓熊加以說明。

「掃興貓熊」的不幸遭遇

若能打造一個超級英雄，我的超級英雄叫「掃興貓熊」（Disappointment Panda）。他戴著很俗的眼罩，襯衫上印著超大的英文字母T（但襯衫被他肥嘟嘟的肚子撐得快迸開）。他具備告訴大家殘酷真相的超能力，大家既想聽他揭露真相，卻又不敢接受血淋淋的事實。

他像個兜售聖經的推銷員挨家挨戶拜訪客戶，坦白地對客戶說：「當然啦，賺大錢讓你感覺超爽，不過你的孩子不會因此愛你。你捫心自問，你信任自己的老婆嗎？答案可能是否定的。」或者：「你自認的『友誼』，說穿了不過是不停地想在人前留下深刻的印象。」掃興貓熊向屋主道別，祝福屋主一整天開心順利，然後繼續到隔壁串門子，繼續揭露真相。

真相五花八門，精彩的、病態的、傷心的、振奮人心的、必要的。總之，人生最重要的真相往往不忍卒睹。

英雄人人愛，掃興貓熊這種英雄，大家卻是避之唯恐不及，沒人要，卻又被大家所需。在我們充斥垃圾食物的精神餐裡，掃興貓熊恍若讓人想起某句諺語的蔬菜，儘管不愛吃，卻有益我們的健康。同理，掃興貓熊揭露的真相雖讓我們不快，卻可改善我們的日子與人生。他打擊我們，讓我們更堅強；他帶我們走進黑暗的通道，通往明亮的未來。聽他講話，就像看一場悲劇電影，主角在結尾不幸殞命：我們看完後心情低落，但因為劇情非常寫實，對這部電影又多了幾分喜愛。

在此容我扮演掃興貓熊，揭開另一個讓你不悅的真相。

我們之所以受苦，理由很單純，因為受苦是生物上的必需。這是自然界的常態，用以激勵改變。我們已進化到習慣和不滿、不安為伍，因為溫和程度的不安與不滿有助於創新與生存。我們習於對現狀不滿，對現有的心存抱怨，唯有得不到的東西才能讓我們滿足。這種揮之不去的不滿，讓身為人類的我們不斷戰鬥、不斷對抗，不斷建設、不斷征服。因此我們的痛苦與不幸並非人類進化上的缺陷，而是進化的特質。

痛苦的形式五花八門，不管哪一種，都是激勵我們身體反應與行動的最有效方式。就拿腳趾踢到東西這麼簡單的例子來說，若你和我一樣，腳趾不小心踢到硬物，你會痛得尖叫，一邊狂罵三字經，罵得口沫橫飛，連修養甚佳的教宗方濟各可能都受不了。你搞不好還不放過礙腳的靜物，歸咎是「蠢桌子」擋路，甚至質疑整個室內裝潢都有問題，只因你的腳趾頭陣陣抽痛。「哪個蠢豬把桌子放在這裡擋路？有沒有腦袋啊？」

不過，我有不同的看法。腳趾頭撞到東西痛得哀哀叫，你我對這種痛莫不恨得牙癢癢，但這痛具有重大意義。肉體痛感是神經系統送出的訊號，這套回饋機制讓我們覺知肉體可承受的程度，亦即從可以動乃至無法動的範圍，可以碰觸與無法碰觸的部分。一旦超過界線，神經系統會盡責地處罰我們，要我們務必提高警覺，絕不再重蹈覆轍。

我們非常不喜歡這種痛，但它**極為**有用。在我們年輕或是粗心的時候，疼痛提醒我們該注意什麼；告訴我們什麼對我們好、什麼對我們不好；幫助我們瞭解自己的極限，切勿自不量力；教導我們不要靠近熱騰騰的爐子，不要將金屬插入通電的插座。因此，老是趨樂避痛並非好事，畢竟疼痛偶爾是攸關生死與身心健康的大事。

但是疼痛並非僅限於肉體。看過電影《星際大戰首部曲：威脅潛伏》就知道，我們人類也能夠承受強烈的心理之痛。其實，研究發現，我們的大腦無法清楚辨識肉體痛與心理痛之間的差異。所以若我告訴你，獲悉初戀女友劈腿後，感覺像是被冰鑽緩緩刺穿心臟，那是因為心理上實在太痛，還不如讓心臟被冰鑽刺一刀算了。

一如肉體痛，心理痛也意味著某種平衡被打破，超出了極限。一如肉體痛，心理痛並非百分之百不好，或非要避開不可。有時候，經歷情緒或心理上的折磨，不僅有益身心健康，也是人生的必需。一如腳趾撞到東西教會我們避開桌子多的地方，隨著被拒或失敗而來的心理煎熬，則教會我們下次別再犯同樣的錯誤。

所以愈來愈貪戀安逸，遠離生活無法迴避的不安與痛苦，我們將喪失健康痛的好處，也切斷與周遭真相以及現實的連結。這樣會非常危險。

你可能羨慕無憂無慮、幸福四溢、溫情滿人間的人生，但是回到現實，每天都會碰到大小不斷的問題。說真的，問題層出不窮，沒完沒了。掃興貓熊動不動就來叨擾我們。我們喝著瑪格麗塔調酒時，他現身直言：問題趕也趕不走，只有高下之別。股神華倫．巴菲特（Warren Buffett）為錢操煩；醉醺醺的酒鬼在便利商店也為錢苦惱，只不過巴菲特煩惱的錢事比酒鬼的來得**高級**。大家的生活都是如此。

掃興貓熊告訴我：「馬克，人生就是大小問題不斷。」他喝了口調酒，把玩馬格麗塔雞尾酒杯口的粉紅色小雨傘。「解決一個問題，不過是製造了另一個問題。」

過了一分鐘，我轉念一想，這隻會說話的貓熊到底是從哪兒冒出來的。我們侃侃而談之際，誰調了這些酒？

「不要希冀風平浪靜的生活。」掃興貓熊說道：「世上沒有這種事。反之，期待充滿挑戰的生活吧。」

說畢，他放下酒杯，調整了一下頭上的墨西哥高帽，緩步走遠，與夕陽融為一體。

快樂來自於解決問題

問題不斷是生活的常態。加入運動俱樂部，希望靠健身解決病痛，這時又會冒出更多問題，諸如得早起，準時到健身房報到，在健步機上揮汗三十分鐘，接著得沖澡換衣上班，以免汗臭味薰死整間辦公室。當你解決了和另一半沒足夠時間在一起的問題，決定撥出週三晚上作為「約會夜」，這下子又冒出新的問題，諸如週三晚上該做什麼以免掃興，口袋是否夠深足以吃頓像樣的晚餐，能否成功找回已熄滅的火花與情意，還有如何讓小兩口在小小的浴缸裡洗個有情調的鴛鴦浴。

問題不會停止，只會汰舊換新，或是難上加難。

快樂源於解決問題，關鍵在於「解決」，而非碰到難題。若只會一味逃避問題，或是自認生活沒有任何問題，只會讓自己過得不幸。碰到問題時，若是束手無策，同樣不會過得開心。快樂的祕訣在於**解決**問題，而非風平浪靜，不讓問題纏身。

為了快樂故，我們得找些事做，勇於解決問題。因此快樂是一種行動；是主動出擊，而非被動因應強加在身上的難題，並非在網路報《哈芬頓郵報》（*Huffington Post*）的前十大熱門文章裡意外發現的感人故事，也不是出自某位大師或老師的智慧語錄。快樂不會奇蹟般出現，不會在你終於賺夠了錢、替房子增建一房時出現。不會在某個地方、某個想法、某個工作，甚至某本書裡等著你發掘。

快樂是進行式，因為解決問題是無法停下腳步的工程。眼前問題解決的辦法，可作為解決明天問題的基礎，以此類推。實實在在的快樂，僅會出現在你樂於擁抱問題、歡喜解決問題的時刻。

有時候，問題易於解決，諸如吃頓美食、到外地散心、嘗試新買的電玩等等。有時候，問題抽象而複雜，像是修補與母親的關係、找到喜歡的志業、改善人際關係。

不管問題難易，觀念都一樣：解決問題；要開心。可惜對許多人而言，人生並非如此簡單順暢，他們主要是犯了以下的毛病而把事情搞砸了：

一、**否認**：有些人一開始就否定問題存在。因為不願面對現實，必須不斷地說謊哄騙自己，不斷地轉移焦點，逃避現實。短時間之內，這招也許可以讓自己心情好過些，但是最終會讓自己欠缺安全感、變得神經質、慣於壓抑情緒。

二、**受害者心態**：有些人遇到問題時，認定自己一點法子也沒有，即使他們明明有能力應付。受害者把一切問題歸咎於他人或外在環境。短期內，這招也許可以讓心情好過些，最終還是會變得憤怒、無助、絕望。

否認自己碰上了問題，並歸咎他人是問題的始作俑者，既是簡單的作法，也能讓自己好過；反觀解決問題，既有難度又往往讓人心情陷入低潮。歸咎與否認，讓人爽快一時、暫時逃避問題，而這種一時的爽快與過癮，讓我們覺得好過些。

人要飄飄然，有很多種方式。不論是容易讓人成癮的物質（如酒精）、道德上的自以為是（如指責他人），還是新鮮又刺激的冒險活動等，痛快與飄飄然是膚淺又無建樹的生活方式。勵志圈（self-help world，包括書籍與社團）十之八九建立在向民眾兜售飄飄然與快感的前提上，而非認真解決問題之上（我指的是實實在在而非無病呻吟的問題）。許多心靈大師教導追隨者如何否認、如何替自己打氣，但這些練習只能治標，暫時讓自己開心與好過，卻無法治本，正本清源解決問題。謹記，沒有一個打心底快樂的人需要站在鏡前催眠自己，不斷跟自己說「我很快樂」。

飄飄然會讓人上癮。愈是仰賴它，藉此逃避內在需要認真解決的問題，愈是想刻意追求它、擁抱它。照此下去，幾乎任何東西都會讓人上癮，端視你出於什麼動機與心態使用這東西。我們都有自己慣用的方式，來麻痹問題帶給我們的痛，若適量使用，這麼做也沒什麼錯。不過我們逃避的時間愈長，麻痺的時間也愈長，等到我們終於逃無可逃、必須面對問題的時候，痛感也會愈加強烈。

被高估的情緒反應

人有喜怒哀樂等情緒，目的只有一個：幫助我們過更好的生活、提高繁殖力。情緒是回饋機制，讓我們得知某件事對我們是好是壞、是對是錯，僅此而已。

身體碰到熱爐會痛，疼痛讓你知道下次不可再碰熱騰騰的爐子。孤零零一個人會導致難過傷心，因此你學會不再做自陷孤立的事。情緒不過是生理訊號，輕推著你朝利己的方向改變。

聽好喔，我無意小看你面臨的中年危機，也沒有把你八歲時腳踏車被酗酒父親偷了、而你至今仍耿耿於懷的心情不當一回事。追根究柢，若你覺得不開心，其實是因為大腦送出訊號，告訴你現在有個問題未被提及、未被解決。換言之，負面情緒在喚醒你，要你**訴諸行動**（call to action）。當你感覺到自己有了負面情緒，代表你該**有所行動**。反之，正面情緒是你採取了適當行動而得到的回饋與獎賞。發現自己被正面情緒包圍時，生活似乎變得輕鬆簡單，可以盡情享受人生。過了一陣子，問題接二連三浮現，正面情緒漸漸消失，一如世上的一切，無法久留不變。

情緒是人生等式的一部分，但並非**全部**。感覺不錯的東西，不代表它是**好**東西；同理，感覺不好的東西，不代表它**不**好。情緒僅是路標，是神經生物學透露的**訊號與暗示**，而非指令。因此不該百分之百相信情緒，反而應該養成質疑它們的習慣。

為了個人、社交、文化等各種理由，許多人被教導要壓抑情緒（尤其是負面情緒）。可惜，否認負面情緒等於抗拒回饋機制，抗拒解決問題的機會。結果，許多壓抑情緒的人一輩子都苦於應付問題。要是解決不了問題，就過得悶悶不樂。謹記，痛苦並非無濟於事、無的放矢。

不過有些人剛好相反，喜歡誇大情緒，事情成理與否，完全由他們的**感覺**而定。「唉，我弄壞你的雨刷，我當時**真是**氣瘋了；實在管不住自己。」或是「我決定休學搬到阿拉斯加，因為我**覺得**這樣才對。」決策過程全憑情緒性直覺，而非根據可避免事情失控的理性判斷，這樣的決策往往以失敗告終。你認識什麼人全憑情緒過日子？只有三歲小孩和小狗吧。三歲小孩與小狗還有什麼其他本事？拉屎在地毯上。

如果太執著於情緒，或是花太多心思於情緒上，日子一定不好過，因為情緒來來去去，不會久留。今天逗我們開心的事，明天不見得讓我們開心。因生理之故，人老是「多還要更多」。人若固著於快樂，無可避免，會掉入沒完沒了追求「再要一個」的魔障，諸如再買一間房子、再多交個朋友、再生個小孩、再調薪一次等等。就算費盡千辛萬苦，到最後，感覺似乎和起步時的心情沒兩樣：永遠要不夠。

心理學家將這個概念比喻為「享樂跑步機」(hedonic treadmill)，意指我們老是費盡心力改善生活與現狀，實際上卻一直在原地踏步，感覺變化不大。

這足以說明，為何我們遭遇的問題會一再重複，躲也躲不掉。和你結婚的另一半成了你整天吵鬧的怨偶；買的房子要不斷整修；夢寐以求的工作把你操個半死。每件事背後都隱含著讓步與犧牲，換言之，讓人覺得愉快的東西，也免不了會讓人傷心難過。有些事情看似是我們占了便宜，其實是吃虧。有助於增加正向經驗的東西，也會定義何謂負向感受。

這是多痛的領悟，讓人難以下嚥。我們**自以為**世上存在所謂的極樂，一定有辦法得之；**自以為**可以永久撫平所有的傷痛；**自以為**可以一輩子對生活感到滿意、充實。

其實我們做不到。

選擇奮鬥的目標

若我問你「你希望過怎樣的生活？」，你的回答可能是「我希望生活快樂，家庭幸福，有一份心愛的工作」。這類的回答過於空泛，和大家都差不多，答了跟沒答沒兩樣。

每個人都喜歡趨樂避苦。想過著無憂無慮、輕鬆快樂的生活，想要談戀愛，想淋漓酣暢地歡愛，想擁有更親密的關係，想看起來完美無缺，想賺大錢，想要人緣好、廣受大家尊敬與崇拜，想當個萬人迷球星，走在街上，群眾會像紅海一樣一分為二地讓道。

大家都想過這樣的人生。想像很容易，能否做到，又另當別論。有個更有趣的問題，幾乎大家都從未想過：「你希望人生裡經歷什麼樣的**痛**？甘願為了什麼而發憤圖強？」因為這似乎更能決定我們人生的藍圖。

例如，多數人希望在角落擁有獨立的辦公室，而且日進斗金，但鮮少人願意一週工作六十小時、長時間通勤、處理煩瑣的文書作業、忍受公司內部毫無道理可言的層級制度，反而一心只想逃離看不到盡頭、有如煉獄的小小辦公間。

多數人希望擁有性福的生活與幸福的關係，但並非每個人都願意經歷不愉快的對話、尷尬的沉默、感情受傷的折磨、情緒的起伏轉折，以求性福與幸福。於是他們妥協並將就，心想「如果這樣下去會怎樣？」(what if?)，直到多年過去，問題漸漸不再是「如果這樣下去會怎樣？」，而是變成「還有呢？(what else?)」。當律師離開，留下贍養費支票，他們會說：「何苦呢？」難道先前二十年吃的苦頭為的就是這個？如果不是，那又是為啥？

幸福與快樂並非手到擒來，而是要靠苦戰，靠走過各種難關才能得到。喜悅不像雛菊，不會憑空從土裡冒出來，也不像彩虹，會無預警地出現在天際。生活要過得踏實、認真、有成就感、有意義，必須靠努力，靠篩選奮鬥的目標，並妥善地管理。不管你是否飽受焦慮、寂寞之苦，是否有強迫症，是否碰上豬頭老闆（每天清醒的時間有一半被他搞砸），解決辦法就在於接受現狀，積極擁抱這些負面經驗，而非逃避，也不是從中得到救贖。

大家都想擁有傲人的身材，但是得打心底接受一項事實：這需要勤快到健身房報到，一個小時接著一個小時操練，忍受痠疼與生理上的疲勞，否則永遠與傲人的身材無緣。當然你也可以每天斤斤計較自己吃的食物與攝取的熱量，靠著超小的食量控制餐盤規畫三餐與生活。

大家都想創業，但成功脫穎而出的人，一定會想辦法和風險、不確定性、一再受挫打交道，並且甘之如飴。他們也會不要命地投入某種工作，儘管最後可能落得血本無歸。

多數人希望有個伴侶或配偶。但你無法吸引到迷人與了不起的另一半，除非你願意誠心接受兩人相處會經歷情緒波折，而這些波折來自於一次又一次被拒絕、心癢難耐卻得不到滿足、無神地守著永不會響的電話。這是愛情關係的一部分，若你不玩，怎麼有機會贏？

決定成敗的關鍵不是問：「你喜歡什麼？」應該換一個問法：「你能忍受什麼樣的痛？」通往幸福快樂的道路上，遍地是臭屎，動不動就得舀丟人。

你得選擇自己要什麼。人不可能過著無痛的日子，不可能順順遂遂、無風無雨一輩子。求開心、找樂子是簡單的問題，我們多數人的答案大同小異。

更讓人感興趣的問題是疼痛。你能承受什麼樣的痛？這問題雖難答卻很重要，可以協助你如願達成目標，也可以改變你的視野、人生，更能夠形塑我們，讓自己不同於其他人，但最後又將所有人牽繫在一起。

青少年與青壯年期間，我幻想自己成為音樂人，尤其想當搖滾明星。每次聽到一首壞小子的自彈自唱曲，一定閉上雙眼，想像自己站在舞台上，對著高聲尖叫的粉絲彈奏吉他，群眾在我魔幻十指奏出的樂聲中渾然忘我。這樣的想像畫面讓我心馳數小時不止。對我而言，問題不在於自己**能否**在熱情的粉絲前彈奏，而是**何時**能上台。我做了全盤計畫，現在不過是在等待時機成熟。等待期間，我會投資精力與時間朝目標邁進，等著功成名就。首先我得完成學業，想辦法賺到添購吉他的錢，接著得騰出足夠的時間練習，還要為第一次演出打通關係、擬好計畫。然後……一切如過眼雲煙。

當搖滾明星的美夢持續了半輩子之久，終究沒有開花結果。我花了很長的時間，也苦惱了很久，才終於悟出為什麼：**其實我並不想**。

我喜歡的是當明星的感覺，諸如在舞台上的帥模樣、群眾的歡呼聲、盡興的搖擺、傾心於演出至忘我的境界，但我一點也不喜歡這中間的過程。因為這樣，我的歌手夢失敗了。這樣半途而廢的事屢見不鮮。要命啊，我甚至未盡全力就宣告棄守，幾乎連努力都稱不上。沒有忍受每天單調乏味的練習，沒有找人組團排練，沒有尋覓演出場地，也沒有動員群眾到現場認真看演出。沒有彈到斷掉的吉他弦、燒壞的真空管擴大機，也不曾不開車扛著四十磅重的設備來回奔波排練。這個夢想有如一座高山，需要攀爬一千多公尺才上得了山頂。我花了很長的時間，才發現我不喜歡爬山的過程，只喜歡想像站在山頂的模樣。

根據常見的文化論述，對於我這個人的評價不外乎：什麼都做不好，半途而廢，是個虎頭蛇尾的魯蛇，我沒有「達陣」，放棄了自己的夢想，讓自己屈服於社會壓力之下云云。

但是實情遠比上述解釋來得無聊。真相不過是，我似乎很想要某樣東西，但最後發現其實不然。就是這樣，沒大家想像的曲折。

我光想要報酬，不想要辛苦；光想要結果，不想要過程；只想要勝利，不想要奮戰。

然而人生並非這麼回事。

你是誰，取決於你願意為什麼而奮鬥。**享受**健身房裡奮戰過程者，可以參加鐵人三項全能運動賽，練就輪廓分明的精實腹肌，以及躺著也能高舉和一間小房子差不多重的啞鈴。**享受**早出晚歸長時間工作、對企業升遷管道政治學遊刃有餘的人，才能一路爬到高位。**享受**壓力、不確定性、三餐不繼、猶如落魄藝術家生活形態的人，最後才能出人頭地。

這並非在推廣意志力或膽量，也並非另一段「吃得苦中苦，方為人上人」的老生常談。人生最簡單又最基本的道理是：奮鬥到底的人才能邁向成功。碰到問題與挑戰，才催生得出幸福快樂，但接下來又會碰到其他問題，只不過問題會比之前稍微好一點，也稍稍升級了一些。

這是永遠不會畫上句點的向上過程。若你覺得可在任何一點上停止攀爬，我想你可能沒抓到重點，因為快樂就在攀爬的過程中。

第3章 你並非特例

我認識一個小夥子，叫吉米。

吉米一直忙個不停，手上總有兩個以上的工作要忙。任何一天找他聊聊，問到他在做什麼，他會沒完沒了巴拉巴拉告訴你，他正在替一家公司提供諮詢服務；他研發了一個極具潛力的醫藥應用軟體，正在尋找天使投資人出資贊助；或是他受邀擔任某公益活動的主講人；還透露他有個新構想，可改善加油站加油機的性能，搞不好可讓他一夕致富，變成億萬富豪。這小子老是像陀螺轉個不停，只要給他開口的機會，他就會用口水淹沒你，大談他的工作可以如何翻轉世界，他最新的點子有多了不起，還頻頻提到與名人的關係來自抬身價，讓我感覺彷彿在和八卦小報記者哈拉。

吉米百分之百正向、樂觀，把自己逼得很緊，絕不原地踏步，隨時調整心態和作法，是個道地的拚命三郎，不達目的絕不罷休。

蹊蹺的是，吉米也是個天花亂墜的無賴，只會空口說大話，毫無行動力。大部分時間，他都像嗑了藥或酗了酒，一副飄飄然的樣子。大把鈔票花在酒店或高檔餐廳，吃吃喝喝行銷他的「生意經」。吉米是專業的寄生蟲，不僅花父母的辛苦錢，也靠吹噓未來科技的榮景，騙別人掏錢。當然他偶爾也會裝出勤奮的樣子，拿起電話，殷勤地向大人物或名人推銷東西，只是從頭到尾沒做成一筆生意。他的「事業」沒有一個開花結果。

他繼續這麼渾渾噩噩地過了多年，靠著一個又一個女友，以及從近親到八竿子打不著的遠親接濟他，直到快三十歲。最糟糕的是，他還**自我感覺良好**，對自己有股莫名的自信。有人嘲笑他或掛他電話，他只覺得這些人「錯過人生的機會」；有人對他浮誇不實的生意點子潑冷水，他則說這些人「過於無知、欠缺經驗」，不懂他的天分。有人點出他遊手好閒的生活形態，他則說這些人「嫉妒他」，是一群羨慕他成功的「懷恨者」。

吉米的確賺了些錢，多半是透過不正當、也不入流的手段，諸如將別人的點子挪為己用賣給他人，靠欺騙借到錢，甚至憑著三寸不爛之舌，哄著合夥人將新創公司的股權讓給他，偶爾還真的說服別人，付錢邀他公開演講（難以想像他能講些什麼）。

最糟糕的是，吉米**相信**他那一套鬼扯，莫名的自戀已到刀槍不入的地步。老實說真難對他發火，只能說他實在是個奇葩。

一九六〇年代有段時間，如何培養「高自視」（high self-esteem）成為心理學的風潮與顯學。高自視是對自己有正面的想法與感覺。研究顯示，**自視**高的人通常表現較佳，也較少惹麻煩。當時許多研究員與決策人士漸漸相信，提高人民的自視可帶給社會具體的好處，包括降低犯罪率、提高學業成績、增加就業機會、減少預算赤字。因此自一九七〇年代初期，家長開始參加高自視訓練班，加上治療師、政治人物、教師的鼓吹與強調，提高自視正式編入教育政策。舉例而言，將成績灌水（grade inflation），讓成績落後的學生不要對自己不盡如人意的表現過於自卑。各式各樣平凡無奇、早已預知結果的活動，設計了一堆參賽獎跟假獎盃。小孩的家庭作業也流於空洞，諸如列出自己比別人特別的理由，最喜歡自己的五件事。神職人員告訴教區信徒，在上帝眼中，他們每個人莫不獨一無二、頂尖出色，絕非泛泛之輩。企業座談會、提升動機研討會變得熱門而搶手，一個接著一個開，大家吹的調大同小異：我們每一個個體都可以卓爾不凡、成就斐然。

但是過了一個世代，數據與研究顯示，我們**並非**都是不凡之人，僅僅自我感覺良好不具任何實質意義，除非自我感覺良好背後有**十足的理由**。研究也發現，逆境與挫敗其實利多於弊，是鍛鍊堅強人格與長大後功成名就的必要歷程。研究也印證，自小被灌輸自己獨一無二，對自我老是感覺良好，長大了，社會不會出現一群比爾·蓋茲（Bill Gates）、馬丁·路德·金恩（Martin Luther King）之流的人才，而是一堆的吉米。

吉米，異想天開的創業家。吉米，每天抽大麻，只會吹噓自己多麼厲害，卻缺少在市場立足的一技之長。吉米，只會大聲抱怨事業夥伴「不成熟」；吉米，為了討好某個俄羅斯女模，刷爆公司的信用卡，請她在紐約的米其林餐廳伯納丁（Le Bernardin）用餐；吉米，很快就花光從叔伯姨嬸那兒借來的錢。

吉米的確充滿自信、自視甚高。這樣的吉米，花太多時間吹噓自己多麼不凡、多麼厲害，卻一事無成。

高自視運動的問題出在自我評量，因為這類評量依據的是一個人對自我的感覺有多麼正面。但是如實而正確的自我評量，應該是衡量對自我的**負面**感受。像吉米這樣的人，儘管生活已經四分五裂，卻有百分之九十九·九的時候覺得自己他X的厲害。這怎麼是衡量成功與幸福人生的有效方式呢？

吉米覺得這是他理所當然應得的。他覺得自己無須付出努力，也有權得到一切福利與好處；他自認無須吃苦耐勞，也能理所當然致富；他相信自己無須助人，也能理所當然被大家喜歡、廣結善緣；他相信自己無須犧牲讓步，也能理所當然過著人人稱羨的生活。

像吉米這樣的人，固著於自我感覺良好，因此妄以為他們成就了偉業，其實一事無成；妄以為他們是舞台上的發光體，其實是在出自己洋相；妄以為他們是成功的創業家，其實沒有一個事業有成。他們年僅二十五歲，人生履歷上看不到任何具體成就，卻自稱是人生教練，為他人指點迷津時還收費。

這種人心態上自以為這是他應得的，渾身透出一股異想天開的自信。有人認為，這種自信有一股魅力且受其吸引（至少會被吸引好一陣子）。這種莫名其妙的自信具有感染力，讓周遭的人也受其影響，對自己益發有自信。吉米這種人喜歡天花亂墜，但是我得承認，有時和他一起哈拉感覺**還不錯**，彷彿自己不會被任何東西擊倒。

心態上自以為這是他該得的，這樣有什麼問題呢？問題在於，這種人**需要**時時自我感覺良好，甚至不惜犧牲周遭的人。由於這種人一天到晚得自我感覺良好，大部分時間都花在思考自己的事，花很多心神說服自己，自己放的屁不臭。對整天在臭氣沖天的茅廁裡打滾的人而言，花的精力與時間更是不在話下。

一旦養成這種思考模式，便會習慣將周遭發生的一切視為膨脹自我的機會，外人要打破這種人自我感覺良好的「保護罩」，可謂困難重重。試圖和他們講理，只會被視為對他們優越感的「威脅」，「無法招架」他們高人一等的聰明、才幹、美貌、成就。

抱著這是我理所當然應得的心態（entitlement），彷彿住在自戀泡泡裡，嚴重扭曲所見的一切，結果愈來愈自戀。人若有這種我該得的心態，會把人生發生的一切際遇視為肯定或威脅他們現有的光環。發生的若是好事，就自己邀功，認為多虧他們之前完成了不起的作業，才有這樣的結果。發生的若是壞事，就說有人嫉妒他們，暗地扯他們後腿。而他們那種理所當然應得的心態猶若銅牆鐵壁，絲毫不受影響。這種人活在自欺的世界裡，周遭發生的一切（無論好壞）都在餵養他們的優越感。他們會不惜任何代價，甚至對周遭人動手動腳、口出惡言，以維持他們的「門面」。

不過自我感覺良好是一種經不起考驗的失敗手段，也是另外一種形態的飄飄然，**並非**真正的幸福快樂。

要確實評量自我價值，要評量的並非一個人對自己**正面**經歷的感受，而應評量一個人對自己**負面**經歷的感受。像吉米這樣的人，不願正視自己的問題，每次遇到人生重大轉折，就憑空捏造自己有多厲害。因為他無法正視問題，不管他自我感覺有多好，他都是弱者。

一個真正高度肯定自我價值的人，一定能坦然面對自己個性上的缺點。他們會說：「沒錯，我偶爾也會亂花錢。」「沒錯，我偶爾也會誇大自己的成就。」「沒錯，我太依賴他人的支持，自己應該更獨立一點。」然後拿出行動加以改進。反觀自我感覺良好的人，因為無法公開坦然地承認自己的問題，以致無法拿出持之以恆或具體的作為來改善人生。他們不斷追尋一個又一個飄飄然又遙不可及的目標，愈來愈強烈否認現實。

現實終歸會反撲，隱而未現的潛在問題也會再次浮出檯面，只是時間早晚，以及痛多痛少的問題。

分崩離析

早上九點，我坐在教室裡上生物課，手臂靠著桌子托著臉頰，盯著時鐘的秒針轉了一圈又一圈，滴答聲搭配老師單調乏味的授課聲（講的是染色體與有絲分裂）。我和一群十三歲同學窩在通風差、亮著白熾燈泡的教室，覺得無聊透頂。

更沒自信、更站不住腳，這下掉入該死的回饋迴路惡性循環。

「我們走著瞧吧。」接著，他將注意力轉到我的後背包。後背包裡裡外外差不多有百來個口袋吧，每個口袋裝的不外乎十幾歲青少年喜歡的小玩意兒，諸如彩色筆、課堂上偷傳的紙條、一九九〇年代初期的音樂CD（外殼已見裂痕）、乾掉的麥克筆、素描本（紙頁已掉了大半）、一堆灰屑與雜物，拉拉雜雜有增無減地記錄迂迴曲折又瘋狂的中學生涯。

我不停地飆汗，汗如光速般狂冒，心境上卻覺得時間過得其慢無比。九點鐘開始的第二節生物課，讓人覺得回到度秒如年的舊石器時代，分分秒秒都是凌遲。在這空間裡，只剩我、普萊斯先生，以及「深不見底」的後背包。

好不容易捱過了「舊石器時代」，進入了中石器時代，普萊斯先生的搜查工作也告一段落。他沒有找到任何毒品，似乎很沮喪，乾脆把後背包倒栽蔥，裡面的東西散得一地。他和我一樣冒了滿身汗，只不過我是出於緊張害怕，他則是因為怒不可遏。

「今天沒帶毒品啊？」他刻意裝得漫不經心。

「沒。」我也刻意裝得不在乎。

他攤開散落一地的東西，一一看過後，分門別類放在運動包旁邊。已經被掏空的外套與後背包了無生氣地攤在他的大腿上。他嘆著氣，盯著牆壁。我一個十三歲青少年，受困於一間上鎖的辦公室裡，和氣得把東西丟一地的校長對質，就和其他十三歲的學生一樣，實在忍不住想哭。

普萊斯先生用眼快速掃了一下地板上的東西。沒有任何不當或違法物品，沒有毒品，甚至沒有一件違反校規的東西。他又嘆了口氣，把我的外套與後背包甩到地板上。他彎著上半身，將手肘擱在膝蓋上，平視我的臉。

「馬克，我再給你最後一次機會。如果你說實話，我不會為難你。如果你說謊，下場會很慘。」

我似乎得到暗示，用力吸了一口氣。

「現在實話實說吧。」普萊斯先生命令我：「你今天有攜帶毒品到學校嗎？」

我忍住淚水，緊掐著喉嚨，不讓自己叫出聲。我瞪著這個折磨我的人，迫不及待想擺脫這個夢魘，用哀求的聲音對他說：「沒有，我沒有任何毒品。我根本不知道你在說什麼。」

「好吧。」他的口氣似乎有些軟化。「你可以收一收東西回教室了。」

他捨不得地朝我的後背包看了最後一眼，這「洩了氣」的背包恍若被打破的承諾，病懨懨地躺在地上。他不經意地伸出一腳輕踩在背包上，似乎還沒放棄，想做最後的努力。我心焦地等他挪開腳，好盡速離開，回到正常的生活軌道，忘掉這一切的夢魘。

他的腳踢到一樣東西，問我：「這是什麼？」同時用腳在上面壓了壓。

「蛤，什麼東西？」我回道。

「這裡有東西。」他拿起背包，在底部摸來摸去。我緊張地覺得整間屋子變得一片模糊，所有東西都開始搖晃。

我年輕時，聰明伶俐、待人和善，但也是個豬頭（這可是最客氣的說法）。我叛逆、愛說謊，是個動不動就生氣的憤青。十二歲時，我用冰箱上的磁鐵對家裡的保全系統動了手腳，以便三更半夜偷溜出門不被發現。我溜到朋友家，和他偷開他母親的車子出去兜風。為免引擎聲吵醒他母親，我們將車子放到空檔，慢慢將車子從車庫滑行到街上。我的報告故意以墮胎為題，因為我知道英文老師是極端保守的基督徒。我和另外一個朋友偷了他母親的雪茄，拿到學校變賣給其他學生。

我還改造後背包，在底部縫了一個暗袋，偷藏大麻。

那個暗袋就是普萊斯先生發現暗藏毒品的那一個。我從頭到尾都在說謊，而普萊斯先生也說到做到，並未對我手下留情。幾小時之後，十三歲的我雙手被銬，坐上警車，我心想自己這輩子大概完了。

當時我這麼想是有理由的。我被父母軟禁在家，在可預見的未來，生活裡一個朋友也沒有。因為被退學，在新學年開始前，我只能在家自學。母親逼我剪短頭髮，將我衣櫃裡瑪麗蓮．曼森（Marilyn Manson）與金屬製品（Metallica）樂團的T恤悉數丟掉，一件也不留。對一個一九九八年的青少年來說，少了這些潮T，形同判處他死刑。早上，父親逼我和他一起上班，到了他的辦公室，我得連續工作幾小時，整理文書與檔案。在家自學的時間一結束，我轉入一間小規模私立教會學校，我覺得自己格格不入（大家應該不意外）。

我終於洗心革面，洗去過去污點，按時繳交作業，也學習虔誠教徒該有的責任感，但父母這時卻決定離婚。

我之所以透露這些，只是想告訴大家，我的青少年過得一塌糊塗。在這九個月期間，我幾乎失去一切：朋友、社交圈、法定權利、家人，都一一離我而去。我二十幾歲看的心理治療師會稱這些是「不堪回首的創傷垃圾」，而我花了十年力圖改變，赤裸裸地揭開這些傷疤，讓自己少些自怨自艾以及討人厭的自以為是。

當時我的家庭問題固然悲慘，但浮現在檯面上的並非最糟的，反倒是必須勇於面對卻置之不理的部分才要不得。我的家人對這些暗潮小心翼翼，能搪塞就搪塞，一如股神巴菲特海賺以及AV女神珍娜·詹森（Jenna Jameson）亂搞：說穿了，我們都是睜眼說瞎話的專家與高手。房子都已陷入火海，但我父母的反應可能是：「喔，沒事啦，一切都好，只不過有點熱而已。但真的沒事，請放心。」

父母離婚時並未演出全武行，沒有摔盤子、甩門，也沒有激烈指責誰對不起誰。他們向哥哥與我保證，離婚絕非我們小孩的錯，然後一家四口開起家庭會議（是的，你沒看錯，家庭會議），針對離婚後該如何照顧小孩的生活做了些安排。沒有人掉淚，沒有人拔高聲音說話，一切非常平和。他們說：「沒有人背著誰偷腥。」聽到這句話，我和哥哥稍稍瞄到父母露了餡的感情生活。喔，幸好。房子是有點熱，不過一切都好。

父母都是好人，我不會怪罪他們離婚（至少現在不會了）。我非常愛他們。他們有自己的故事、經歷及問題，一如其他所有父母，一如**他們自己的**父母，以此類推。一如所有父母，我的父母會把他們的一些問題轉嫁到我身上（出於一片好心），而我也可能這麼對我自己的孩子。

當「這類創傷垃圾」發生在我們身上，我們會不自覺地認為，自己碰到了力有未逮的天大問題。這種自以為的無力感，讓我們無助又不幸。

不過，這類創傷也會引起其他反應。若我們碰到無法解決的難題，我們會不自覺地認為，我們要嘛與眾不同，要嘛擁有別人沒有的缺點；我們跟別人一定有些不同之處，所謂的規矩也應該有特例。

簡言之：我們自以為是，自以為這是我該得的。

我青少年經歷的苦，讓我走上自以為是的道路，一直延續到我二十多歲、三十歲出頭。吉米的自以為是發揮在做生意上。他自以為是成功的紅頂商人。我的自以為是發揮在人際關係上，尤其是男女關係。青少年受到的創傷是因為得不到親密關係與接納，所以矯枉過正（overcompensate）一直是我的毛病，藉此證明自己時時有人愛、有人接納。結果我追女孩的方式，就像古柯鹼成癮者之於古柯鹼白粉堆成的雪人，一開始愛不釋手，過沒多久卻覺得窒息。

我成了感情玩家，幼稚、自私（有時還算迷人），女友換了一個又一個，感情膚淺、關係不和睦，就這樣過了人生精華的十年。

我對性沒有那麼飢渴，儘管這方面和女友還滿合的。我要的是被肯定、被需要、被愛；就記憶所及，這是我第一次覺得自己**有價值**。我渴望被肯定，沒多久就養成自我膨脹、溺愛自己的習慣。我覺得說我想說的話、做我想做的事，是理所當然的，不用在乎自己信用破產，不必在乎他人感受，反正可以事後再假惺惺地解釋道歉。

當然這段期間還是有開心、興奮的時候，我也認識一些不錯的女生，但是整體而言，我過得糟透了。我常失業，不得不靠朋友與母親接濟，也常喝得醉醺醺，並刻意和幾個好朋友保持距離。當我終於認識一個我非常喜歡的女孩子，竟然自怨自艾作祟，沒多久就搞砸了一切。

過得愈痛苦，對問題愈是毫無解決、招架之力，也愈自以為是，藉此尋求解套。自以為是會表現在兩方面：

一、我很了不起，而你們其他人遜斃了，所以我理應受到特殊待遇。

二、我遜斃了，而你們每個人都很棒，所以我活該受到特殊待遇。

表面上是兩種相反的思維，骨子裡裝的都是自私。你常會碰到自以為是的人在這兩者之間遊走，要嘛覺得自己站在世界之巔，要嘛覺得世界踩在他們頭上，端視那天是週間的禮拜幾，以及當時他們對於自己特有的癖好與成癮的東西有無駕馭之力。

多數人不會被矇騙，能正確看出吉米這類人是憤青、自戀的水仙花、混球，因為他們會大剌剌地自抬身價。反倒是第二類人的自以為是（這些人老是覺得自己低人一等、一無是處），讓許多人看走眼。

將生活中的一切解讀為打壓、迫害自己，這種被害情結就像反面的高自視，也需要極端的自私與自我。被害情結得花精力、得自我吹捧，才能讓自己堅信問題難以克服；一如自視甚高者同樣得花精力、得自我吹捧，才能說服自己啥問題也沒有。

實情是，世上沒有所謂個人的問題。你遇上的問題，很有可能其他數百萬人也在過去、現在、未來同樣碰上。很可能你認識的人當中，就有人遭遇過。但問題就是問題，不會因為人多，問題就變小，也不會因為人多，問題就不會傷人。更不代表在任何情況下，你自覺是受害者的心態完全站不住腳。

其實真相只有一個：你並非特例。

認知到你自己以及你碰到的問題，不論在嚴重性與疼痛指數上**並非**特例，才是解決問題的重要第一步。

但基於某種理由，似乎愈來愈多人（尤其是年輕人）都忘了這點。為數不少的教授與教育工作者發現，今日年輕人普遍欠缺情緒抗壓性（或情緒韌性，emotional resilience），也過於自私，只會一味提出要求。例如，有些書被迫從課程中移除，理

的高手，就是弱雞中的弱雞，諸如改寫體壇紀錄的驚人表現、最捧腹的笑話、最讓人不安的新聞、最恐怖的威脅，族繁不及備載……

今天我們的生活充斥位於鐘型曲線兩端的資訊與新聞，因為在媒體界，極端才是吸睛的題材，而吸睛才會吸金，這是最起碼的現實。然而，生活的常態大部分落在鐘型曲線的中間位置，亦即生活多半**平凡無奇**，少有驚濤駭浪。

被極端新聞與資訊包圍，久而久之會以為特例、異常才是生活的常態。我們大半時間都過著普通平凡的生活，氾濫的特例與個案報導，逼得我們神經兮兮、緊張不安、絕望難過，因為相形之下，平凡的我們顯然不夠好、不夠優，因此愈來愈需要透過自以為是、成迷上癮來求得平衡。我們用我們所知的唯一方式因應這難關：不是吹捧自己，就是吹捧他人。

為了膨脹自我存在感，有人會炒作自己快速致富的戲碼。有人會全球飛透透，拯救非洲的餓童。有人會成為學霸，包辦每一個獎項。有人會讓名下學校迅速成名擴編。有人甚至想和世上任何一個會開口、會呼吸的生物有一腿，只為了受到注意。

這些在在助長了我稍早提及的「我所當得」的風氣。誕生於一九八〇年與二〇〇〇年之間的千禧世代（Millennials）是帶動這波文化變革的始作俑者，可能是因為該世代是歷來上網最勤、最容易被看見的世代。其實，「我所當得」的趨勢幾乎瀰漫全球各個社會。我相信，這個和大眾媒體標榜不凡與特例的作法脫不了關係。

問題是，無所不在的科技與大眾行銷（mass marketing），漸漸打亂許多人對自我的期許與評價。不凡的例子鋪天蓋地而來，讓大家對自我愈來愈不滿，以為必須更極端、更激進、更加肯定自我，才會被注意，才會被人看得起。

我年輕時，對親密關係原本就抱著不安與懷疑，而流行文化裡各式各樣標榜男子氣概的荒謬論述，更加重我對親密關係的不安。那些論述至今猶未退燒：要當個酷男，必須跟搖滾明星一樣愛跑趴、喝酒；要受到敬重，必須成為女性崇拜的偶像；性是最值得男人追求的東西，就算犧牲一切（甚至尊嚴）也在所不惜。

媒體疊羅漢似地不斷播送這些與現實脫節、高不可攀的目標與榜樣，讓我們已經夠不安的心情更加不安。不僅覺得自己被這些解決不了的問題約束左右，也覺得自己是人生輸家，因為隨便上網 Google 一下，立馬發現其他成千上萬的人功成名就，並沒有類似的問題與遭遇。

科技解決了經濟上的老問題，卻也讓我們出現一些心理問題。可見網際網路不僅流通資訊，也流通不安全感、自我懷疑、自卑感。

但是，如果我不特殊、不平凡，我活著還有啥意義？

久而久之，我們漸漸被洗腦，深信**每個人**這輩子注定能成就一件真正不凡的事，這已成為當今的文化現象之一：不僅名流、企業大亨、政治人物這麼說，就連脫口秀女王歐普拉（Winfrey Oprah）也這麼說（因此這一定是真理）。我們每個人都可以不凡，都**值得**成為不凡的發光體。

但這個說法本質上存在矛盾。如果**每個人**都不凡，那麼定義上，就**沒有**不凡的人，可惜多數人都沒看清楚這一點。我們不思考自己到底值不值得被冠上不凡的頭銜，而是一味地照單全收這樣的說法，然後一味地要求更多。

「平凡」已成了評斷一個人是不是輸家、魯蛇的新標準。一輩子最糟之事莫過於淹沒在人海中，隸屬鐘型曲線中間突起的部分。一個社會以「非凡」作為評斷成功的標準，那麼處於鐘型曲線一端的低點，都好過落在中間位置；至少這代表你是特例，值得關注。許多人因此選擇這招：證明自己不幸到了極點，被打壓到谷底，被犧牲到不行。

許多人害怕接受平凡，認為自己一旦安於平凡，就永遠成不了大事，停在原地無法進步，一輩子都是無名小卒。

這樣的想法潛存著危險。一旦你認為生活的意義端看自己是否受人注意、表現出不出色，那麼基本上等於認定多數人（包括你自己在內）的生活糟透了，亦即過得無足輕重、可有可無。這樣的心態很快會危及你自己以及他人。

卓越出眾的人少之又少。這些人之所以出眾，並非骨子裡相信自己是人中之龍；恰恰相反，他們之所以了不起，是因為他們深信不進則退的道理。他們一心求上進，是因為一點也不覺得自己出色，**完全不會**自以為是、自我膨脹。有些人成為大師級人物，如此出眾是因為他們明白自己還不算厲害（反而認為自己平凡、普通），但深信自己有朝一日會比現在更好。

「每個人都可以超凡拔尖、不同凡響」，這類說法基本上只是在挑動一個人的自我，乍聽之下很中聽，其實並不中用。彷彿美食，讓人心滿意足、回味無窮，實際上不過是空有卡路里，一如麥當勞的招牌「大麥克」之於你的心臟與大腦。

身體要健康，得多吃蔬果，心理要保持健康也是一樣的道理：多些清淡蔬果、少碰大魚大肉。換句話說，認清生活其實平淡如水，而非高潮迭起。泰然接受「你的一舉一動其實**影響不了**大局」，接受「生活多半無趣，不值得眾人關注，但有啥關係」。

這種清淡料理一開始難吃得很，簡直難以下嚥，所以抗拒在所難免。

一旦消化吸收，身體便會甦醒，感覺更有精神、更有生命力。畢竟，終於可以卸下一心想出頭、想當下一個大人物的壓力；老是覺得自己不夠好的壓力與不安、時時想證明自己的念頭，也隨之淡去。認知並接受自己平凡的存在，反而讓人自由自在，完成真正想完成的事，不受任何對錯好壞的評斷，沒有不切實際的期待。

你會愈來愈欣賞人生之尋常，諸如享受朋友之間純粹的友誼、創新發明、幫助有需要的人、讀本書、和自己在意的人一起大笑等等。

這些聽起來的確無聊吧？畢竟都是平凡普通的事，不過平凡也許有其道理：因為這些才是人生**真正的**大事。

第4章 受苦值得嗎？

一九四四年近尾聲時，戰爭已打了快十年，這時美國出現反日潮。日本經濟搖搖欲墜；日軍戰線擴及亞洲一半的地區，負荷過大；日軍在太平洋地區潰不成軍，之前告捷的戰區恍若骨牌一個接一個被美軍征服。日軍戰敗似乎是遲早之事。

一九四四年十二月二十六日，大日本帝國陸軍少尉小野田寬郎被調派至菲律賓的盧邦島（Lubang），奉命盡可能拖延美軍的攻勢，不惜任何代價力抗美軍，絕對不可屈服投降。他和上司都清楚，這是有去無回的自殺任務。

一九四五年二月，美軍抵達盧邦島，以勢如破竹之姿拿下盧邦島。幾天內，多數日軍不是投降，就是戰死沙場，但是小野田與三名同袍躲在叢林裡，開始發動游擊戰，對抗美軍與盧邦島的菲律賓人。他們截斷補給線，擊斃落單的士兵，竭盡所能打亂美軍的步調。

過了半年，一九四五年八月，美軍在日本廣島與長崎投下兩顆原子彈。日本宣布戰敗投降，人類史上死傷最慘的戰爭，以戲劇性的方式畫下句點。

但是數千名日軍散見在太平洋的島嶼，多數人和小野田一樣，隱身在叢林，並不知道戰爭已經結束。他們持續對抗、劫掠，和之前二戰時期沒有兩樣。這的確影響了東亞戰後的重建，因此美、日政府一致同意必須拿出作為。

美軍和日本政府合作，在太平洋地區空投數千張傳單，告知二戰已經結束，呼籲這些士兵該是還鄉的時候了。小野田和他的同袍發現了這些傳單，其他島嶼的日軍也看到了，但是不同於其他多數人，小野田認定這些傳單是假的，是美軍設下的陷阱，目的是引誘他們游擊隊現身。小野田燒了這些傳單，和同袍繼續隱身在叢林裡，持續作戰。

五年後，空投傳單的行動叫停，多數美軍早已打道回府，盧邦島的當地人也想回歸正常生活，像常人一樣務農、捕魚，但是小野田和他的「綠林好漢」並未停止游擊戰。他們攻擊當地農民，放火燒毀他們的農稼，偷他們養的家禽與家畜，殺害誤入叢林的村民。菲律賓政府開始新一波的傳單空投行動，傳單飄散至叢林各處。傳單上寫著：出來吧，二戰已經結束。你們戰敗了。

但這次依舊被日本殘兵漠視。

在一九五二年，日本政府又做了一次努力，希望說服最後一批二戰日兵走出在太平洋島嶼的窩藏之地。除了空投傳單，日本政府還附上失蹤士兵家屬的信件及照片，加上天皇本人的親筆函。但是小野田再一次認為這些傳單上的勸降訊息是假的，堅信這些都是美國人的詭計。因此他和同袍不為所動，再一次拒絕投降，繼續纏鬥。

又過了幾年，當地菲律賓人受夠了被這些殘兵恐嚇威脅，買了武器完成武裝，開始反擊。一九五九年左右，小野田的同袍之一投降，另一人遭到殺害。又過了十年，小野田的最後一名戰友小塚金七放火燒掉村民的稻田時，被菲警發現，雙方爆發槍戰，小塚中彈身亡。亦即二戰結束後，小塚頑強拒降，**繼續**和當地菲人對抗了整整二十五年。

現在只剩小野田一個人了。他已窩藏在盧邦島的叢林大半輩子。

一九七二年，小塚罹難的消息傳回日本，引起社會的廣泛討論。日本國民以為，二戰最後一批士兵早已返回國內；日本媒體則揣測，若小塚一直待在盧邦島直到一九七二年身亡，那麼小野田（二戰後最後一位投降的日本兵）或許還活著。同一年，日、菲兩國政府派出搜尋隊深入盧邦島叢林，尋找這位結合了神話、英雄、鬼魂三種元素於一身的謎樣少尉。

結果一無所獲。

過了數月，小野田少尉的際遇昇華為日本都會傳奇，有人認為這位戰爭英雄的事蹟太不合常理，不可能是真實人物。有人認為，他是童話裡的男主角，童話催生者是秉信日本堅不可摧的一群人（實際上，那樣的日本早已消失了）。

大約在同一時期，一位叫鈴木紀夫的年輕人首次聽聞小野田這個人。鈴木喜歡探險，經常上山下海，帶點嬉皮氣質。他出生在戰後，從大學休學後當了四年的背包客，靠著搭便車走過亞洲、中東、非洲。旅行途中，睡過公園的長椅、陌生人的車上、牢房、滿天星斗下的大地。他在農場以工換糧，也曾捐血換宿。他自由自在，不受拘束，甚至有些瘋癲。

一九七二年，鈴木需要另一次探險。這時他已結束旅行，回到了日本。他發現，一絲不苟的文化常規、社會層級分明的制度在在讓人窒息。討厭上學、工作不定的他很想再踏上旅途，回到自由自在、自己作主的狀態。

對鈴木而言，小野田的傳奇似乎是解決他諸多問題的良方。尋找小野田值得他冒險一試，他也深信**自己**找得到小野田的下落。的確，在此之前，日、菲、美三國政府派出的搜尋大隊莫不無功而返，其中菲國警力已在盧邦島叢林地毯式搜索了近三十年，只不過一直未受幸運之神的眷顧。數以千計空投的傳單石沉大海，未收到任何回應。但是搞什麼鬼，這個大學休學生、遊手好閒的嬉皮小子竟然走狗屎運，找到了小野田。

鈴木沒有任何裝備，也未受過專業訓練。他既不懂得勘查地形、尋覓目標，也不知道叢林的求生之道，就一個人來到盧邦島，一個人在叢林裡亂竄。他的方法非常簡單：大叫小野田的名字，告訴他日本天皇擔心他的安危。

四天後他找到了小野田。

他和小野田並未立刻離開叢林，而是繼續待了一陣子。被鈴木找到前，小野田獨自在叢林裡生活了一年多。被找到後，他歡迎鈴木這個陌生客作伴，也急著想從這個他可以信賴的日本人身上瞭解外界的現況。兩人成了類似朋友的關係。

鈴木詢問小野田，為什麼他要留在叢林裡繼續打仗？小野田說，原因很簡單，上級命令他「絕不可投降」，所以他留了下來。他待在叢林近三十年，就為了服從軍令。小野田也反問鈴木，為什麼像他這樣的「嬉皮小子」會來這裡找他？鈴木說，他離開日本，是為了找到三樣東西：小野田少尉、大貓熊、喜馬拉雅山雪人。

這真是集諷刺之大成。返日後那幾年，小野田沮喪失望，更甚在叢林打游擊的日子。在叢林，他至少還活得有意義，知道自己為何而活、為何而戰，因此可承受苦日子，甚至有些樂在其中。反觀回到日本後，他看到的是一個空虛浮華的社會，充斥嬉皮以及著洋服的放蕩女子。這讓他認清了不可迴避的真相：他的努力與作為毫無意義，之前他認識與捍衛的日本已不復存在。這個認知戳得他痛不欲生，比挨了子彈還疼。他覺得苦吃得毫無意義，也突然認清叢林那三十年是白費了。

所以在一九八〇年，小野田決定移居巴西，一直到過世都沒再回日本。

自知之明恍若洋蔥

自知之明包了很多層外皮，恍若洋蔥。洋蔥有很多層，剝掉愈多外層，淚可能會流得愈凶。

第一層洋蔥外皮是我們的偽裝，剝掉了才能看清自己的情緒與感受。「這個時候我覺得開心。」「這會讓我傷心。」「這給了我一線希望。」

可惜，許多人連這最基本的自知之明都沒有。我知道，因為我就是其中一員。我的妻子和我有時會有如下的趣味對話：

妻：你怎麼了？
我：沒事，好得很。
妻：騙人，你怪怪的。說吧，發生了什麼事？
我：我沒事，真的。
妻：真的嗎？你看起來心煩意亂。
我：（不安地笑了笑）真的嗎？沒事，我很好，真的。
（三十分鐘後……）
我：……這就是為什麼我氣得跳腳！她有一半的時間無視我的存在。

我們都有情緒上的盲點，由於自小被教導有些情緒反應是不妥的，所以我們習慣壓抑，久而久之形成盲點，得花數年練習與努力，才能意識到並找出這些盲點，然後適時合宜地表現出這些受影響的情緒。找出情緒盲點極為重要，值得我們付出努力。

第二層是問自己**為什麼**會有這些情緒？

這些圍繞**為什麼**打轉的問題很難回答，往往得花上數月、甚至數年，才能找到前後一致的正解。許多人得接受專業的治療與輔導，才發現自己是第一次被問及這些問題。這類問題相當重要，因為這會提供線索，照亮我們如何看待成敗。你為什麼生氣？是因為你達不到某個目標？你為什麼意興闌珊、沒有被感動？是因為覺得自己不夠好？

這層「為什麼」的洋蔥皮，有助於我們瞭解害自己失控的情緒是怎麼回事。一旦我們瞭解肇因，就可找到辦法改變現狀。

不過還有更深一層的外皮等著被剝，這層皮會讓我們狠狠地掉淚。這第三層皮是個人價值觀：**為什麼**我認為這是成功或失敗？我該怎麼選擇才能衡量自我？我用什麼標準評斷自己以及周遭的人？

這一層需要不斷反問自己，以及努力探索，歷經重重困難才能到達，卻也是最重要的一層，因為個人價值觀決定問題的本質，而問題的本質決定我們生活的品質。

價值觀是構成我們為人以及所作所為的基礎。若我們看重的東西沒有任何用處，若我們認為成功或失敗的行為是隨便篩選的，那麼根據這些價值觀衍生的一切，包括想法、情緒、日常感受，全都會走樣、亂套。我們對某事的看法以及感受，最後都會回過頭影響我們對這件事的價值判斷。

多數人對於如實回答這類**為什麼**問題感到手足無措，也因為如此，讓他們無法更深入認識自己的價值觀。當然啦，他們當著你的面也許會說自己重誠實、重友誼，但是一轉身，就在你的背後說三道四、指指點點，好讓自己感覺高人一等。有人可能覺得自己孤獨寂寞，但是深究**為什麼**自覺孤獨寂寞時，他們習慣往外找答案，習慣歸咎別人——例如，別人都有壞心眼，沒有一個人夠聰明、夠冷靜可以理解他們。這樣的反應讓他們進一步規避問題，而非解決問題。

很多人認為上述作法就稱得上有自知之明。如果他們能夠深入一步分析已內化的價值觀，便會看清一開始的分析，不過是為自己的問題找藉口，規避自己該負的責任，而非確實找出問題根源。他們會看清自己的結論是為了追求飄飄然的感覺，而非真的想獲得真正的快樂。

多數勵志大師也忽略了這更深層的自知之明。有些人想要追求財富，因為不可得而覺得不幸，大師收了這些人為徒，指導他們如何致富，卻忽略可深掘學徒價值觀的重要問題：**為什麼**他們這麼迫切地想要致富？**為什麼**他們將致富看成人生第一要務？他們評量自我成敗的標準是什麼？有沒有可能有些價值觀正是造成他們不開心的禍根？而非因為他們買不起賓利車？

許多的建言只停留在表層，短期內確實能助人改善心情，但是日積月累的真正問題卻得不到解決。人的看法與感受可能隨著時間改變，但是內化的價值觀以及評斷人事物所依據的標準則維持一致，不會改變。所以找人指點迷津，只是另一種追求飄飄然的方式。

坦然逼問自己不是容易的事。問題簡單卻難以回答。老實說，根據我個人的經驗，答案愈是讓人不安，反而更逼近真實。

給自己一分鐘，認真想想讓自己心煩的問題，然後自問**為什麼**這問題會讓人煩不勝煩。你的答案很可能跟遇上什麼不順心的事有關，進一步分析那次的挫敗經驗，問自己為什麼那次經驗「真的」如你所想是敗筆？會不會那次失敗實際上不算失敗？會不會是自己錯誤解讀呢？

舉我自己最近的一次遭遇為例：

「我給弟弟傳簡訊、寫電子郵件，他都不回，讓我很嘔。」

為什麼？

「因為感覺他完全不把我當回事。」

為什麼你覺得這說法似乎說得通？

「因為如果他想和我拉近關係，每天只要撥出短短十秒鐘和我互動，他卻連這麼簡單的事都做不到。」

為什麼你覺得和弟弟不親是你做人失敗？

「因為我們是兄弟，我們理應要相親相愛！」

上述對話牽涉兩件事：我重視的價值觀，以及我用以評量所作所為是否符合這個價值觀的標準。我的價值觀是兄弟理應維持良好的關係。我的評量標準是用電話或電子郵件保持聯絡——這是我衡量自己作為哥哥稱職與否的依據。根據這個評量標準，我覺得自己是個失敗的哥哥，偶爾會讓週六早上的好心情因此泡湯。

以此類推，我們可以繼續深掘下去：

兄弟之間為什麼要相親相愛？

「因為他們是一家人，一家人理應保持親密關係。」

為什麼你覺得這說法似乎說得通？

「因為家人理應比其他任何人都來得重要！」

為什麼你覺得這說法似乎說得通？

「因為和家人親近才『正常』、『健康』，而我沒有這些東西。」

透過這樣的對話，我慢慢搞清楚自己內化的價值觀（和弟弟維持良好關係），但是我對評斷的依據遲遲拿不定主意。我替這個價值觀取了另一個名字——「親密關係」（closeness），但評斷依據沒變，還是根據聯絡的頻率，評斷我作為哥哥到底是成功還是失敗，並且拿自己和其他認識的人比較。結果發現，其他人（似乎）都和家人有親密關係，而我沒有。所以顯而易見，我一定有什麼問題。

有沒有可能，我評斷自己以及人生的依據不夠精準？是否還有其他合理的面向我沒有考慮到？嗯，也許我無須和弟弟**寸步不離**，也能做到我**信奉的價值觀**——維持良好關係。也許兄弟只要互相尊重就達標了（這點是有的）。也許互信才是該努力的目標（這點也做到了）。也許，**這些**才是評斷兄弟關係好壞的更好依據，而非兩人互傳了多少簡訊。

這顯然說得通，對我也言之成理。但是我和弟弟不親，實在讓我傷心透頂，可惜沒有可行的辦法讓這樣的心情快轉。有了這層認知後，可以光明正大地給自己拍拍手。有時候即使兄弟都愛對方，也不見得親密，這其實沒什麼不好。一開始我很難接受這點，但這也沒什麼。相較於你所處情況的客觀事實，你用什麼方式漸漸看清你的處境，以及你如何選擇評斷與評價的依據，似乎更為重要。人生在世，問題難免，但每個問題的**意義**卻可操之在己。我們慢慢學會作主，決定問題對我們的意義，依據的是我們怎麼取捨對問題的想法，以及我們自選的標準。

搖滾明星的痛

一九八三年，一位才氣洋溢的年輕吉他手被人用最難堪的方式踢出樂團，他所屬的樂團不久前才和一家唱片公司簽了合約，即將發行第一張專輯。但是才要進錄音室灌錄唱片的前兩天，他卻慘遭樂團開除，事前毫無告誡、商量，雙方也沒有大吵。只不過某天被叫醒後，對方給了他一張長途巴士車票，趕他回家。

他搭車從紐約返回洛杉磯，一路上不斷自問：這到底是怎麼回事？我做錯了什麼？接下來該怎麼辦？其實唱片合約並非從天而降，尤其不會隨便簽下重金屬樂團的新秀。這次被踢出樂團，是否意味他錯過了人生可走紅的唯一機會？

巴士抵達洛杉磯時，該名吉他手已走出自怨自艾。他誓言另起爐灶，再組一個樂團，也下定決心要讓新樂團家喻戶曉，讓開除他的樂團後悔一輩子。他會成為巨星。接下來數十年，他會縱橫電視台與廣播電台，他的海報會廣見於大街小巷，雜誌爭相找他拍照。相形之下，原東家團員會落得在速食店煎漢堡，擠上廂型車到三流夜店演唱，身材癡肥、每天醉醺醺、娶醜女為妻。而他則在體育場開演唱會，讓電視實況轉播現場萬頭攢動的盛況。當初看走眼的那些人對著他痛哭不已，沾得他滿臉是淚，他瀟灑地拿出全新的百元大鈔，每拭一顆淚就用掉一張。

這位吉他手似乎被音樂之魔附身，拚了命想出人頭地。他花了數月時間延攬一流的音樂人加入樂團——水準遠高於之前的樂團團員。他寫了數十首歌曲，沒日沒夜地練習。沸騰的怒火點燃他的鬥志與雄心；雪仇之恨成了他的繆思。短短兩、三年，他的樂團拿到唱片公司合約，一年之後，第一張專輯獲得白金銷量的殊榮。

這位吉他手的名字是戴夫．馬斯泰恩（Dave Mustaine），他成立的重金屬樂團麥加帝斯（Megadeth）是音樂界的傳奇。麥加帝斯的專輯銷量突破兩千五百萬張，展開全球巡演多次。今天，麥加帝斯被公認為重金屬樂史上最具影響力、最有天分的樂團之一。

可惜之前把他趕出去的老東家可是名氣響亮的「金屬製品」，該樂團的專輯在全球銷量超過一．八億張，遠高於麥加帝斯。此外，金屬製品在多數樂迷心中，堪稱歷來最出色的搖滾樂團之一。

正因為如此，二〇〇三年馬斯泰恩在一次罕見的貼身訪談裡，忍不住含淚透露，他到現在**還是**覺得自己是沒有能力的失敗者。儘管成就非凡，心裡老是擺脫不了被金屬製品趕出去的陰影。

我們人類從「猿」進化而來。別以為發明了烤麵包機、設計了精品鞋，就覺得自己比動物老練、高等，說穿了我們不過是一群善於打扮裝飾的人猿。由於我們是猿，我們本能地會和他人比較，藉由比較，評量自己的能力，也和他人搶地位、搶功名。問題不在於我們**是否**會和他人比較；而是我們**根據什麼樣的標準**評量自己？

不管大衛．馬斯泰恩明白與否，他選擇自評的依據是，自己有沒有比金屬製品來得成功、來得紅。曾經被金屬製品踢出去的遭遇，對他而言實在太痛了，痛到他把「超越金屬製品」作為評斷自我，以及音樂生涯成功與否的依據。

他未被人生這一大跤擊倒，甚至化悲憤為力量，成立了麥加帝斯樂團，但是他決心死抱著金屬製品的成就作為評斷自我人生的依據，這個選擇讓他痛苦了數十年。就算名利雙收，有粉絲、有佳評，他依舊覺得自己是失敗組。

你我現在看著馬斯泰恩的處境，可能會覺得好笑。他明明已是坐擁數百萬美元的富豪、有數十萬崇拜的粉絲追捧、投入的事業也結合了他的最愛。他看似擁有一切，但是眼見二十年前淘汰他的老團員名氣比他大，他**依舊**難過地掉下男兒淚。

這是因為你我的價值觀不同於馬斯泰恩的想法，我們評量自我的依據也和他不同。我們的依據可能是「我不想替討厭的上司工作」、「我想賺夠錢送小孩到好學校就讀」、「樂得發現自己醒來時不是躺在排水溝裡」。根據這些標準，馬斯泰恩絕對是超乎想像地成功。但是根據**他的**標準「人氣與成就都要超越金屬製品」，他成了輸家。

我們的價值觀，決定我們評量自我與他人的依據。小野田的價值觀是效忠日本天皇，這個認知支撐他在盧邦島生活了近三十年。也正是這個價值觀，讓他返日後鬱悶不樂。馬斯泰恩的評量依據是超越金屬製品，這點幫助他的音樂事業一飛沖天，但也讓他痛苦多年，儘管他已締造不凡的事業。

若你想改變看問題的態度，必須改變你看重的價值，以及評斷成敗的依據。

再舉一個音樂人為例。他也是被踢出樂團，際遇竟和馬斯泰恩不謀而合，不過他的故事比馬斯泰恩早了二十年。

當時是一九六二年，英國利物浦的一個樂團新秀引起了熱烈的話題。該樂團團員留著滑稽的髮型，團名更是好笑，歌曲卻是公認的好聽，終於引起唱片圈注意。

主唱兼詞曲創作人是約翰．藍儂（John Lennon），貝斯手是保羅．麥卡尼（Paul McCartney，他有一張娃娃臉，個性浪漫），叛逆的喬治．哈里森（George Harrison）負責彈奏吉他，然後還有一個鼓手。

鼓手的外表俊俏，是四人之最，女孩為他癡迷不已，他的臉也最早出現在雜誌上，同時是團員中最專業的一位。他不吸毒，有個穩定交往的女友。有些穿西裝打領帶的上班族認為**他**才應該是樂團的代言人，而非約翰或保羅。

他的名字是皮特．貝斯特（Pete Best）。一九六二年，披頭四拿到第一張唱片合約後，另外三位團員私下合謀，和經紀人布萊恩．愛普斯坦（Brian Epstein）商議，想開除皮特。愛普斯坦對這建議有些猶豫，畢竟他個人還滿喜歡皮特的，所以沒有立即行動，希望過一陣子，其他三名團員能夠改變心意。

過了數月，就在披頭四灌錄第一張專輯的前三天，愛普斯坦終於打電話給皮特，請他到辦公室一趟。皮特抵達之後，愛普斯坦唐突地要他捲鋪蓋走路，另覓其他樂團。既沒提理由，也不解釋，當然也沒安撫，只告訴他另外三人要他離團，所以祝他好運。

樂團後來找來怪咖林哥．史達（Ringo Starr）接替皮特。林哥年紀較其他人年長，鼻子又大又搞笑，他同意和約翰、保羅、喬治留一樣的醜髮型，並堅持寫詞作曲，創作了〈章魚花園〉、〈黃色潛水艇〉等膾炙人口的歌曲。當他要求以章魚、潛水艇為對象寫歌時，其他三人異口同聲答應了他，心想，管他的，有什麼關係。

皮特被開除之後，短短六個月，披頭四熱席捲全球，約翰、保羅、喬治、林哥成了地表上辨識度最高的四張臉孔。

同一時間，貝斯特卻陷入嚴重憂鬱，泰半時間花在英國人都會做的事（只要讓他們找到藉口）：貪杯。

一九六〇年代對貝斯特並不仁慈。一九六五年左右，他控告披頭四其中兩位團員誹謗。他的其他音樂計畫全以慘敗收場。一九六八年，他自殺未遂（其實是聽了母親的勸而放棄自殺）。他的人生真是一團糟。

不像馬斯泰恩，貝斯特並沒有另起爐灶，急起直追。他沒有成為全球巨星，也沒有數百萬美元的身價，但是在很多方面，他都過得比馬斯泰恩好。一九九四年他受訪時表示：「相較於當年若繼續待在披頭四，我現在更開心。」

這到底是怎麼回事？

貝斯特解釋道，被趕出披頭四反而讓他有機會認識妻子。結婚生子後，他的價值觀跟著改變，開始用不同的標準衡量人生成敗。名氣、光環固然好，但是他認為眼前擁有的更為重要：充滿愛的大家庭、穩定的婚姻、簡單的生活。他甚至繼續在樂團打鼓，直到二〇〇〇年，都還在歐洲巡演、灌錄唱片。因此他到底失去了什麼？不過是眾人的注意力與追捧罷了。但是他認為，他現在擁有的對他更重要。

這些人的故事顯示，價值觀與評量依據有好壞、優劣之別。有些會衍生好的難關，可輕易用慣有的方式解決。有些會導致棘手的困境，無法輕易用慣有的方式度過。

不足取的價值觀

有些常見的價值觀其實會造成災難，克服起來困難重重。以下為大家概略地說明：

一、**享樂**：享樂很過癮，但人生若是以享樂為目的，這個價值觀頗為可怕。問問那些染上毒癮的人，因為追求享樂，結果把人生弄成什麼樣子？問問出軌偷腥的女子，為了追求享樂，結果家庭破碎、夫離子散，這樣的人生快樂嗎？問問任何一個嗜吃如命到想把自己吃死的男子，享樂到底能如何幫他解決問題？

享樂是偽神（false god）。研究顯示，一心追求膚淺享樂的人結果落得更焦慮，情緒更起伏不定，也更沮喪。在人生滿意度的尺規上，享樂是最膚淺的一種，因此來得容易，去得也容易。

然而，我們每天二十四小時不停地被強迫推銷這個觀念，享樂因而成了我們固著的對象，用以麻痹自我以及轉移注意力。享樂是人生之必需（但要節制就是了），不過享樂本身並非人生之充分條件。

享樂並非幸福快樂的原因，而是結果。若你在其他方面（其他價值觀與評量依據）掌握了正確方向，享樂自然隨之而來。

二、**物質成就**：許多人評量自我價值時，根據的是賺多少錢、開什麼車、住家前院的草坪是否比鄰居家來得更綠、更美。

研究顯示，只要一個人能夠滿足基本生理需求（食衣住行等），幸福快樂與俗世成就之間的關聯性很快就趨於零。因此，若一個人現在連溫飽都有問題，或是流落在印度街頭乞討，這時一年一萬美元的額外收入，當然會大幅影響他的幸福與快樂。但你若穩居已開發國家中產階級的位置，一年多一萬美元進帳，對你的影響不會太大——亦即要你在週間或週末加班，簡直是要你命，因為有沒有這一萬美元對你根本沒差。

過度強調物質成就的危險，在於可能讓物質的成就凌駕在誠實、非暴力、慈悲同理心等價值之上。若一個人自我評量的依據不是行為，而是象徵地位的物質與符碼，因而努力去累積這些物質與符碼，那麼這些人不僅膚淺，可能還是混蛋或敗類。

三、永不犯錯：我們人腦並非百分之百稱職的機器。我們會揣測失準，誤判或然率、記錯事實、犯了認知偏差、一時感情衝動做出決定。身為人，我們犯錯的次數可謂相當頻繁。要是因此衡量人生成就的依據是不犯錯，那你得吃番苦頭，才能合理化自己做過或說過的所有扯淡。

人若根據不犯錯來評量自我的價值，就會被剝奪從錯中學的機會，欠缺培養新觀點及理解他人觀點的能力。這些人會封閉自己，將重要的新資訊拒於門外。

所以人還是謙虛點比較好。承認自己有所不知、不是樣樣知曉，才對自己更有幫助。這會讓你遠離穿鑿附會或以訛傳訛的說法，讓你進入持續學習與成長的狀態。

四、一味往好處想：有人評量自己的人生時，依據的是對諸事是否保持正向的思考與積極的態度。丟了工作？太好了！這是探索自己熱愛什麼的機會。丈夫出軌和自己妹妹有一腿？沒關係，至少這代表妳慢慢認識並瞭解自己對周遭人的意義與分量。小孩因為喉癌過世？沒關係，這下他的大學學費也省了！

「活在人生的向陽面」這句話是有其意義與好處，但人生有時的確是差勁透了，最健康的作法是承認它、接受它。

否認或壓抑負面情緒會把自己推向更深的困境，需要更久的時間才走得出負面情緒與情緒失調。永遠往好處想其實是一種迴避，而非有效解決人生問題的辦法。附帶一提，碰到問題與難關，若能選擇正確的價值觀與評量依據，難題反而能激勵你，幫你打氣。

事情不如所願、周遭人惹我們生氣、意外動不動就發生，在在讓我們覺得難受死了。有這種反應很正常，沒關係。負面情緒是必要的存在，有助於保持情緒健康（emotional health）。否認與壓抑負面情緒只會讓問題**沒完沒了地拖下去**，無法一勞永逸地解決。

應付負面情緒的技巧：一、以社會可接受的健康方式發洩出來。二、發洩方式符合你的價值觀。以我自己為例，非暴力是我的價值觀，而不揍人是評斷非暴力的依據。所以當我對某人火冒三丈時，我不會壓抑怒火，但我絕不會越線，出拳揍對方的臉。這個例子很極端，我知道。但是發怒是人之常情，是生活的一部分，而且在許多情況下，發火搞不好還有益健康（記住，情緒只是回饋深層問題的方式）。

瞭解了嗎？不對的是出拳揍對方的臉，而非生氣本身。生氣不過是信使，傳達我想用拳頭問候對方臉的訊息，所以不要責怪信使，該罵的是我的拳頭（或你的臉）。我們強迫自己時時保持正面與積極態度，否認人生存在著難題。當我們否認自己碰到難題，等於剝奪了自己解決問題以及邁向幸福的機會。問題與難關會增加生活的意義與分量。因此迴避問題形同過著沒有意義的人生，儘管表面看來快樂風光。

就長遠觀點而言，完成馬拉松賽事會比吃掉巧克力蛋糕來得開心；養育小孩比打電玩來得快樂；和朋友合資經營小本生意時，為平衡收支傷腦筋會比買台電腦來得輕鬆。這些都是壓力大、需要費心費力、又常讓人不開心的事情。此外，要做好這些事，得承受應接不暇的問題。儘管如此，這些事卻給了我們意義與喜悅。過程中，有痛苦、

負面價值觀通常靠外求，諸如搭乘私人噴射機、要外人肯定你的所作所為、在巴哈馬群島擁有一棟房子、邊享用卡諾里起司捲（cannoli）邊和三名脫衣女郎玩4P。不好的價值觀有時的確讓人開心，卻不受你控制，也往往需要靠一些破壞社會秩序的不正當手段或迷信想法才能實現。

價值觀與優先順序有關。**誰**都想在巴哈馬有間豪宅，**誰**都想嘗嘗卡諾里起司捲，問題是優先順序。對你而言，什麼價值觀最重要、凌駕在其他價值之上？而你的決策也會受其左右。

小野田的最高價值是對日本天皇完全地盡忠，若你看不清楚這點，會覺得他這想法發出的臭氣甚於壞掉的壽司，簡直為小野田的人生帶來大災難：他為此受困在偏遠的盧邦島，靠吃蟲過了近三十年。喔，別忘了，他還奉命殺害無辜的村民。所以儘管他覺得自己成功完成了使命，未悖離自己奉行的價值觀，但我認為大家應該和我一樣，都覺得他的人生糟透了吧。就算有機會，我們當中應該沒有一個人會想和他易地而處，也沒有一個人會讚揚他的行為。

戴夫．馬斯泰恩明明就是要名氣有名氣，要光環有光環，但他還是覺得自己是人生失敗組，因為他老愛自以為是地跟其他人的成就比來比去，以此評量自我價值。因為這糟糕的價值觀讓他陷入諸多難關，包括「我的專輯得再賣出一．五億張，**這樣一切才算圓滿**」、「我下一次巡演一定要在體育場這樣的大場地」，他認為唯有解決這些難題才會開心。難怪他老是悶悶不樂。

相對而言，皮特．貝斯特則有出人意表的改變。他被踢出披頭四後，即使沮喪、忿忿不平，隨著年紀漸長，他學會重新調整在意事項的順序，也用全新的角度評量自己的人生。因為如此，貝斯特年紀愈大，過得愈開心也愈健康，享受安逸的生活與幸福的家庭。說來諷刺，這些都是披頭四的四位團員後來要奮鬥數十年，始能得到並珍惜的東西。

若抱持糟糕的價值觀（亦即為自己及他人定下的不當標準），會在意一堆不重要的東西，一堆其實會讓生活更辛苦的事情。反之，若我們選擇好的價值觀，便能轉移注意力，將心思放在更好的方面，像是更重要以及可改善身心狀態，讓幸福、享樂、成就隨之而來的事情。

簡而言之，這正是「自我提升」的核心：排出價值觀的優先順序，選擇更該在意的事項。因為在意對的事情，便可挖掘出更有意義的問題。問題更有意義，人生才會更好。

接下來，本書會專注於探討五種違反直覺的價值觀，我認為這五種價值觀最能幫助一個人，而且悉數遵循之前提及的「逆向法則」，因為都是從「反向」來思考。這五種價值觀會逼我們**正眼面對**更深層的問題，不像一味正面思考（一味往好處想）反而讓我們逃避或遠離問題。這五種價值觀既違反傳統思維，也讓人不太舒服，對我而言卻足以改變人生。

下一章要探討的首要價值觀是所有責任感中最極端的一種：不管誰對誰錯，一肩扛起自己處境與際遇的所有責任。第二種是不確定性：承認自己有所不知，不間斷質疑自己的想法與信念。第三種是失敗：心甘情願找出自己的缺陷與錯誤，對症下藥。第四種是拒絕：能夠拒絕別人，也能接受被人拒絕，這樣才能清楚界定自己能接受或不能接受什麼。第五種是思考死亡：這點很重要，因為唯有時時思考死亡的意義，才能以適合的角度檢視自己其他所有的價值觀，並建構合理的人生觀。

第5章 都是你的選擇

想像有人拿著槍抵著你的腦袋，威脅你必須在五小時內跑完二十六．二英里（約四十二公里）的全馬馬拉松，否則就要殺死你以及你的全家。

這真是糟透了。

現在換個畫面，想像你買了雙好鞋，添購了一流的慢跑裝備，密集訓練了幾個月，如願跑完人生第一場全馬，親愛的家人與好友都在終點線替你加油歡呼。

那可能是你這輩子最自豪的時刻之一。

一樣的距離、一樣的跑者、一樣的雙腿、一樣的疼痛，但若是自己決定參加全馬，並全力為賽事預做準備，會覺得這一刻既光榮，也是人生重要的里程碑。若是被強迫參加，這將是人生最恐怖也最痛苦的經驗之一。

碰到問題，到底是讓人痛苦，還是讓人更有力量，差別僅在於是不是出於我們的

選擇。而我們做了選擇，就得負責。

若你覺得目前處境悲慘，很可能是因為你覺得有些事超出你的控制，例如碰上你能力無法解決的難題，碰上你別無選擇、強加在你身上的難題。

若我們感覺是自己主動選擇問題，會覺得自己更有力量（empowered）；若覺得問題是他人罔顧我們的意願、強加在我們身上，我們會覺得自己是受害者，感覺很痛苦、很不幸。

選擇

威廉．詹姆士（William James）碰到了很多問題，而且是嚴重的問題。

儘管威廉出身富裕顯赫的家庭，打從出世，他就患有危及生命的重大疾病：眼疾讓他小時候短暫失明；嚴重胃病讓他吐個不停，不得已只能吃些專為高敏感小孩設計的古怪飲食；他的聽力也有問題；背痙攣（抽搐）嚴重到有時一連幾天無法坐或站。

由於健康問題，威廉幾乎足不出戶。他的朋友屈指可數，在校表現不是特別突出，但他可以一連幾天專心畫畫。這是他唯一的興趣，也是他覺得自己最擅長的項目。

可惜除了他自己，沒有一個人認為他有繪畫天分。他長大成人後，沒有賣出一件作品。渾渾噩噩又過了數年，他的父親（有錢的企業家）開始嘲弄他好吃懶做、缺乏才氣。

而他的弟弟亨利・詹姆士（Henry James）成為享譽全球的小說家。他的妹妹愛麗絲・詹姆士（Alice James）也靠寫作過著優渥的生活。威廉是全家的怪胎、害群之馬。

威廉的父親為了挽救兒子的前途，只好豁出去，利用他在企業界的人脈，讓兒子申請到哈佛醫學院就讀。威廉的父親告訴他，這是他最後一次機會，如果搞砸了，他今後也沒希望了。

但是威廉覺得自己在哈佛醫學院格格不入、備受約束。他對學醫一點也不感興趣，因此覺得自己在校彷彿是個假貨與騙子。總之，他若無法克服自己的問題，怎能奢望自己將來有能力幫助別人克服難題？某天他參觀了精神科病房後，在日記裡寫道，他覺得自己和病人的共通點多過和醫師的交集。

過了幾年，他決定自醫學院休學，這點再度讓父親失望透頂。為了避免和父親的火線交鋒，他決定離家，報名加入一支探勘隊，和人類學家一起深入亞馬遜雨林。

當時是一八六〇年代，這樣的跨洲旅行既辛苦又危險。若你小時候玩過電腦遊戲

是一種回應。就連你被馬戲團一輛小丑車輾過，被一整車學童氣得半死，仍是**由你全權負責**詮釋事件的意義，以及回應的方式。

不管喜歡與否，人生很多事，不論是實際發生在我們身上還是內在的事，我們**一直**扮演積極的角色。我們無時無刻不在詮釋每分每秒、每件大小事的意義。無時無刻不在選擇人生的價值觀，評量每件事的標準。往往同一件事可好可壞，端視我們選擇的評量標準而定。

我想點出的重點是：我們**無時無刻**不在選擇（不管承認與否）。無時無刻喔。只不過方式有別而已。現實世界裡，沒有所謂完全不在乎這種事。不可能。我們每個人一定會對**某件事**去他地在乎一下。

問題是，我們到底選擇什麼作為在乎的對象？我們選了什麼價值觀作為行動的依據？我們選擇什麼標準來評量人生？這些選擇**好**嗎？是好的價值觀嗎？好的評量依據嗎？

負責代表有錯？

數年前，年輕的我常犯蠢，有次在部落格發表了一篇文章，文末我寫道：「有位偉大的哲學家說過：『能力愈大，責任愈重。』」當時覺得這句話聽起來既漂亮又權威。我記不得這句話是誰說的，上網搜尋了一下，結果沒查到，但我覺得這句話和這篇部落文頗搭，所以還是用了它。

文章貼上網後，約莫過了十分鐘，有了第一個回應：「我想你說的『偉大哲學家』應該是電影《蜘蛛人》裡男主角彼得．派克（蜘蛛人）的叔叔班恩（Uncle Ben）。」

看到這則回應之後，我想到另外一位偉大哲學家的話「Doh!」（驚嘆詞，編按：應指卡通《辛普森家庭》中的角色辛普森老爹的口頭禪，通常是搞砸事情或幹了蠢事的反應）。

「能力愈大，責任愈重。」這是班恩叔叔生前當著一個小偷的面說的最後一句話，說完就在人來人往的人行道上被這位小偷莫名其妙地殺害。小偷之前因為彼得．派克縱放而逍遙法外。原來班恩就是**那位**偉大的哲學家。

不管是誰說的，這句名言大家應該是耳熟能詳，也不斷被人引用，只不過講者多半帶著諷刺口吻，或是在七杯啤酒下肚後有此感嘆。這句名言聽起來充滿睿智，但基本上是老掉牙。就算大家對此名言不陌生，卻從未仔細思索它的意義。

「能力愈大，責任愈重。」

這話很有道理，但改過的版本更好、更有深度。只須把兩個名詞對調，變成「責任愈重，能力愈大」。

我們愈肯為自己的人生負責，愈有能力駕馭自己的人生。因此解決問題的首要步驟是一肩扛起解決問題的責任。

我認識一名男子，他堅信女人不跟他約會是因為他太矮。他學歷高、為人風趣、長相佳，理論上，是個條件頗佳的好對象，但是他打心底認為，女人嫌他太矮而不願意和他約會。

他認為自己太矮，鮮少出門社交，也不太嘗試認識異性。少數幾次和女性約會，他都緊盯對方細不可查的小動作，找出對方嫌他不夠吸引人的蛛絲馬跡，然後認定對方不喜歡他（儘管對方真的對他有意）。可想而知，他的約會經驗糟透了。

他選擇的價值觀——身高，害他的約會慘遭滑鐵盧。但是他沒能明白這點，一味認定女性只會被高個子吸引。因此不管他再怎麼努力，都是失敗收場。

他選擇的這個價值觀剝奪了他的自信，讓他掉入走不出的困境。根據他根深柢固的想法：這個世界專為高個子而設，而他不夠高。其實他大可為約會選擇更好、更適合的價值觀，例如「我只想和喜歡我這個人的女性約會」。這可能是比較好的開始，因為這個標準可以評量對方是否誠實、包容，但他捨了誠實、包容這兩項價值觀。其實，他可能根本不曉得那**是**他自己的選擇與決定（或是他不曉得他**可以**自選價值觀）。就算他不明白這點，他還是得為自己的困境與問題負責。

他向吧台調酒師抱怨：「我沒有選擇。我毫無辦法！女生就是這麼膚淺、虛榮，絕不會喜歡我！」的確，都是**女生的錯**，錯在她們不喜歡自怨自艾、膚淺、抱持破價值觀的男子。這不言而喻。

很多人遲遲不敢對自己的困境與問題負責，因為他們認為，**負責**代表自己**有錯**。負責與有錯往往一起出現在我們的文化裡，但並非同一件事。若我撞了你的車，我不僅有錯（過失），法律上也該負賠償之責。儘管撞你車是意外，我仍然有錯，仍得負起責任。這就是「有錯」、「過失」在我們社會的運作方式。若你搞砸了事情，就得負責擺平。事情理應如此。

有些問題**並非**是我們的錯，但我們仍得負責。

例如，某天早上你醒來，發現門前有個新生兒。新生兒被放在你家門口，並非你的**錯**，但這個小孩現在成了你的**責任**，你得決定該怎麼做。不管最後你做出什麼選擇（收養他、丟掉他、不管他任其自生自滅、拿他餵狗），你的選擇和接下來衍生的問題相關，而你得為這後續問題負責。

法官不能選擇要承辦什麼官司。官司進入法院後，由法院指派案件的承辦法官。在這件犯罪官司裡，法官並未犯罪，不是犯罪的目擊證人，該犯罪也不會影響到他。但法官依舊得為這犯罪**負責**：他必須選擇犯罪造成的後果；必須選擇評斷犯罪輕重的依據，並確認所選的依據能夠被落實。

我們得為一些事件與經驗負責，即使那些事件與經驗不是我們的錯。這就是人生。有個辦法可以區分負責、有錯之別。有錯是過去式，負責是現在式。有錯衍生於自己已做的選擇，負責衍生於目前正在做的選擇，涵蓋時時刻刻。你現在選擇讀這本書。選擇思考這個概念。選擇接受或拒絕這個概念。若你覺得我的想法很遜，這可能是**我**的錯，但**你**琢磨出自己的結論，責任歸你。是我選擇寫這個句子，這不是**你**的錯，但你選擇讀（或不讀）這個句子，這責任就在你。

把今天自己的處境歸咎於他人，以及那個「他人」的確得為你的處境負責，這是兩回事。除了你自己，沒有人有義務為你的處境負責。許多人可能得為你的不快樂受到指責，但除了你自己，沒有人該為你的不快樂**負責**，因為是**你自己**選擇看事情的角度、回應的方式、評價的依據。是你自己選擇評量經驗與際遇的標準。

我的初戀女友以驚天動地的方式甩了我。她背著我劈腿，和老師熱戀。實在是夠驚天動地，之所以這麼說，是因為這感覺就像腹部挨了兩百五十三拳。更糟的是，當我找她對質時，她頭也不回立馬甩了我，奔向新戀情。兩人三年的戀情就這麼被她棄如敝屣。

失戀後，我難過了好幾個月，這點情有可原。但是我覺得我的不幸與痛苦都要怪她，只不過要她扛責這件事，並沒有讓我好過些，反而加劇我的難過與痛苦。

她並非我所能控制。就算我一直打電話給她，對她咆哮，求她與我復合，出其不意到她家找她，也做些恐怖前男友會做的事，但我完全掌控不了她的情緒或行為。我**指責**她，但她完全不用**負責**我的感受，該負責的是我。

過了一陣子以淚洗面、以酒精麻痺自己的日子後，我開始改變想法，漸漸明白，她是對我做了一些殘忍的事，她是有錯在先，但我得負責讓自己重新站起來，找回快樂的日子。她永遠不會出現在我身邊，幫我步上正軌，一切得靠我自己。

認清這一點之後，我的生活有了些改變。首先，我開始充實自我，包括運動健身、找許久沒聯繫的朋友相聚、認真拓展社交圈結交新朋友、出國當交換學生、擔任志工。慢慢地，我走出了困境。

我還是對前女友劈腿有些不滿，但至少我負責了自己的情緒。這麼做之後，我改變了原先的價值觀，選了對我更好的價值觀，包括自己身心自己顧、學習善待自己，而非要求前女友負責擺平或彌補她所犯的錯。

（附帶一提，「要她為我的情緒扛責」這種心態，可能正是她甩了我的主因。下面幾章再來詳談。）

約莫過了一年，出現了有趣的現象。當我回顧我們的感情與關係，發現之前自己從未注意到的問題。這些問題錯在我，我應該要主動負責解決，但我沒有。我發現自己不是一個好男友。其實男友／女友不會莫名其妙地出軌，一定是有一方因為某種原因心生不滿之故。

我並非在替前女友找藉口（毫無此意）。但是承認自己有錯讓我瞭解到，我並非如我堅信的那麼無辜，也非十足的受害人。我多少得為放任這段關係變調負起責任，畢竟雙方應該是有類似的價值觀才會走在一起，成為約會對象。若我和抱著破價值觀的女性約會多年，這說明了我是什麼樣的人，以及我有什麼樣的價值觀呢？我付出慘痛的代價才學到，若約會對象自私自利，動不動就讓人傷心，很可能你自己也是這樣的人，只不過你沒有發現或明白而已。

現在說這些都是後見之明。我回頭反省這段關係，看到一些警訊和前女友的個性有關，當時我卻選擇視而不見或是不當一回事。**這是**我的錯。我也發現，我並非她的理想男友。老實說，我常高高在上冷臉對她；常視她為理所當然、放她鴿子、傷害她。**這些**都是我的錯。

因為我有錯，所以她有錯也算合理、情有可原嗎？不能這麼說。但我有責任學會不再犯同樣的錯，學會不再漠視類似的警訊，才能保證自己不再遭受同樣的苦果。我有責任努力改善和未來女友的關係，我很高興跟大家報告，我辦到了。再也沒有女友劈腿離我而去，再也沒有挨了兩百五十三拳的那種痛。在那段不健康的關係裡，我也有責任，所以從中學會了教訓，從而改進，為後來的關係加分。

各位知道嗎？前女友甩了我，雖然是我人生最痛的經歷之一，卻也是我人生最重要、最有影響力的一次經歷。我感謝它激勵我大幅成長、進步。那一次的慘痛經驗讓我獲益匪淺，超出所有成就總和給我的指導與磨練。

我們喜歡錦上添花，碰到好事（如幸福、成就）就樂得邀功，說自己也有出力。我們常會為了誰是成功與幸福的幕後功臣而爭執不下，但是出了問題，勇於扛責更為重要，這樣才能從中學習、進步。這也是真實人生裡自我充實與進步的管道。一味指責、歸咎別人，只會傷害自己。

面對悲劇的反應

碰到重大悲劇該怎麼辦？人碰到的問題，若和工作相關，或是光顧著看電視而犧牲和小孩的相處時間、影響工作成效等，這時說到責任，很多人不會逃避。但是遇到了重大悲劇，很多人會拉扯「責任火車」上的緊急煞車繩，一等車停便急忙跳下「責任火車」。有些事對他們而言實在過痛，因此不敢承認自己有錯。

容我們想想這點：事件的嚴重性並不會改變真相。舉例而言，若你遭搶，顯然這不是你有錯在先而造成的悲劇，畢竟有誰想被搶？但若有個新生兒放在你家門口，你會立即被迫面臨攸關小孩生死的重大時刻，你會做何選擇？反擊嗎？驚惶失措嗎？僵住不動嗎？報警嗎？試著將此事甩到腦後、假裝沒這回事嗎？這些都是你可能接受或拒絕的選項與反應。不管你做了什麼選擇與反應，做了就該負責。你沒有選擇要遭搶，但遭搶後的情緒與心理反應，以及法律後續，還是得由你自己扛責。

二〇〇八年，「塔利班」（Taliban）攻占巴基斯坦東北部偏遠的斯瓦特山谷（Swat Valley）後，立刻落實他們極端的穆斯林教條。電視、電影全部被禁；女性沒有男性陪伴，不得出家門一步；女孩不得上學。

二〇〇九年，十一歲的巴基斯坦女孩馬拉拉．尤薩夫扎伊（Malala Yousafzai）開始公然批評禁止女孩受教的規定。她甘冒葬送自己與父親生命的風險，繼續到當地的學校上課。她也到附近城市參加會議。她還在網上發表文章〈塔利班怎麼敢剝奪我的受教權〉。

二〇一二年，十四歲的她，某天放學搭公車回家的途中遭槍擊，臉部中彈。一名蒙面塔利班士兵攔步槍上了公車，質問乘客：「誰是馬拉拉？快說，否則我擊斃你們每一個人。」馬拉拉挺身而出（真是了不起的選擇），歹徒當著所有乘客的面，朝她頭部開槍。

馬拉拉受到重傷，陷入昏迷，性命垂危。事後塔利班公開表示，要是她大難不死，將殺了她及她父親。

馬拉拉至今健在。她到處演講，公開呼籲一些穆斯林國家停止施暴、箝制女性。她也是一位暢銷書作家。二〇一四年，更獲頒諾貝爾和平獎殊榮。看來她臉部不幸中彈的悲劇反而帶給她更多的支持者，以及更大的勇氣。當時她大可選擇置身事外，然後說：「我無能為力。」或是「我沒有選擇。」（說真格地）若是如此，也是她的選擇。但她做了完全相反的選擇。

幾年前，我把本章的一些觀點發表在部落格上。一名男子回應，說我膚淺、只懂皮毛；說我沒有真正搞懂人生的問題與做人的責任。他說他的兒子最近命喪於車禍，他批評我不懂什麼叫作痛，罵我是混蛋，因為我暗指他本人應該為自己痛不欲生的反應負責。

這位男士心痛的程度，顯然超過多數人一生中所要面對的痛苦。不是他主動選擇要他兒子死於車禍，所以兒子的死錯不在他。不過是他得承受喪子之慟，顯而易見，這並非他所願（這點大家都能理解）。儘管如此，他自己的情緒、想法、行為反應，還是得由他自己負責。他要如何面對、回應兒子之死，是他的選擇。不管什麼形式的痛或苦，人生嘛，在所難免，但是痛對我們有何意義，則是由我們自己決定、選擇。即使他宣稱他**毫無**選擇，他一心只想要兒子活著，這個反應也是他的選擇，是他在喪子之痛後可選擇的諸多反應之一。

當然，我並沒有把我的想法告訴他，因為我沒空，光是應付自己受驚嚇的心情都來不及了。身為部落客，卻不知道自己在胡說八道什麼，我心想自己或許真的碰上瓶頸了。這可是我這一行的危機。既然是我的選擇造成了這個問題，就該由我負責面對並解決。

一開始，我的心情糟透了。但是過了幾分鐘，開始冒火。我告訴自己，對方的批評與反駁跟我寫的東西沒有太大關係。還有，去他的！不能因為我沒有兒子死於車禍，就說我沒有經歷過巨痛。

然後我活用自己的建議。該有什麼樣的反應，是我自己的選擇。我可以選擇對他發脾氣、和他辯論、設法在心痛的程度上「把他比下去」，但這麼做，只會讓兩人看起來像冷血的白癡。或者，我可以選擇較好的反應，藉此鍛鍊自己的耐心，進一步瞭解讀者。或是今後每次寫到關於心痛與創傷經驗時，都想起這名男子。而這正是我選擇的方式。

所以我僅簡單地回覆他，對他喪子感到遺憾，然後畫下句點。你還能說些什麼呢？

不能改變手上的牌，以及接受天生缺陷

二〇一三年，英國廣播電視公司（BBC）追蹤報導六名患有強迫性思考與強迫性行為（OCD，簡稱強迫症）的十幾歲青少年，拍攝他們接受密集治療的過程，瞭解他們如何克服不請自來的想法，以及不斷重複的強迫行為。

其中一位受訪者是十七歲少女伊莫珍，她的強迫症行為是凡走過必留下摸過的痕跡。如果不讓她摸，她腦中便充斥全家人都死光光的可怕想法。另一位受訪者是喬許，他要求一切行為得符合身體的對稱性，諸如握手時會伸出雙手；吃飯時一定要左右手輪流使用；進出房門時，一定要雙腳同時並用……若他無法「等化」身體兩邊，就會出現嚴重的恐慌症。第三人叫傑克，他的問題是典型的強迫性潔癖：出門一定要戴手套、喝的水一定要煮沸、拒吃不是自己做的食物。

強迫症是神經功能與遺傳基因異常所致，無法治癒，頂多改善、管理。因此要管理強迫症，取決於價值觀管理。

這支紀錄片裡的精神科醫師一開始就告訴這些青少年，他們必須接受強迫性欲望造成的缺陷。例如，當伊莫珍的腦海充斥全家人會死的可怕想法時，她就學著接受家人可能真的會死，但這也是沒辦法的事。簡言之，醫師告訴她，發生在她身上的事，並非她的錯。喬許「等化」一切行為，要求一切都要對稱；醫師告訴他，這樣的強迫性思維與作法對生活造成的傷害，其實甚於偶爾發作的恐慌症。至於傑克，醫師提醒他，不管他再怎麼愛乾淨，細菌永遠存在，隨時等著感染他。

這個專案的目的是讓受訪者瞭解，他們的價值觀並不理性（其實他們的想法與行為並非他們主動選擇，而是強迫症所致），因此實踐這些不理性的價值觀，反而傷害他們正常生活的能力。

下一步是鼓勵這些青少年選出一個重要性超過強迫症的價值觀，然後專注於這個價值觀。對喬許而言，新價值觀是無須老是在親友面前隱藏強迫症行為，這樣才可能過著行得通的正常生活。對伊莫珍而言，新價值觀是控制她的思維與感覺，這樣才能再次開心地生活。傑克的新價值觀是盡量拉長出門在外的時間，看能在災難性插曲發生前，在屋外待多久。

選定新的價值觀之後，青少年開始踏上密集的減敏（desensitization）練習，逼自己活出這些核心價值，結果不是恐慌症發作，就是難過得掉淚。傑克會猛揍靜物出氣，然後立刻去洗手。但是到了紀錄片拍攝的尾聲，他有了顯著的進步。伊莫珍走路時，不再需要把東西都摸一遍才放心。她說：「還是有怪獸潛伏在我的腦袋，牠們可能永遠都不會消失，但是比以前安靜多了。」喬許可以長達二十五至三十分鐘不用「等化」身體左右兩邊的行為。傑克的進步最為顯著，他可以出門到餐廳用餐，喝光瓶子與杯子裡的水，無須先洗淨容器才可。傑克總結道：「我沒有選擇這樣的人生，沒有選擇這種讓人受不了的糟糕病情，但是我漸漸摸索出和它共處的方式；我**必須**選擇找出辦法和它共處。」

很多人認為，自己天生的弱勢（諸如患有強迫症、個子矮小、異於常人之處）是被逼的，彷彿有人奪走了他們寶貴的東西。面對這樣的遭遇，他們自認無能為力，因而規避了改善自己處境的責任。他們心想：「這種破基因又不是我選的。要是出了什麼差池或問題，才不是我的錯。」

的確，有病不是他們的錯。

但他們並非百分之百沒有責任。

大學期間，我癡想成為專業撲克牌選手。參加比賽不但可以贏錢，又刺激好玩，但是在牌桌上征戰了將近一年，我決定放棄。撲克牌職業選手需要通宵熬夜，緊盯電腦螢幕，今天贏了數千美元，隔天可能輸個精光。這樣的生活形態並不適合我，畢竟熬夜傷身，情緒起伏也大，不是什麼健康的賺錢之道。不過這段生涯意外地深深影響我看待生命的角度與方式。

撲克牌妙就妙在，運氣成分不可少，但運氣無法長期主宰牌桌上的輸贏。選手可能拿到一手爛牌，但是他也可能擊敗有一手好牌的對手。的確，有一手好牌的人贏牌機率較高，不過最後決定輸贏的是（沒錯，你猜對了）每位選手在整個過程中**選擇**出什麼牌。

我也用同樣的角度看待人生。手上的牌時好時壞，但我們太容易只專注於手上的牌，看到爛牌，就覺得自己完蛋了。其實真正比賽時，決定輸贏的關鍵是每一次出牌的選擇，諸如決定甘冒什麼樣的風險，選擇可忍受什麼樣的後果。只要持續做出最佳選擇，最後都能脫穎而出。人生也是同樣的道理，脫穎而出者不見得手上都有副好牌。

有人天生就患有神經或基因上的疾病，因此心理與情緒反應異於常人，但是這改變不了什麼。沒錯，他們繼承了缺陷，錯不在他們，不該受到指責。一如上述提及想交女友卻老是交不到的矮個子男性，他不應該因為長得矮而受到指責。一如一個人被搶，不能就怪他活該。但是他們並非百分之百無責。上述強迫症患者，不管他們是選擇尋找專業醫師接受諮詢與治療，或是得過且過，都是他們的選擇。有人童年過得淒慘；有人在身體上、心理上、財務上，被虐、被霸凌、被施暴。他們處境悲涼，處處碰到障礙。這些都不是他們的錯，不該責怪他們，但他們並非百分之百不用負責（其實**時時**都得為自己的選擇負責），例如他們可以力爭上游，在逆境中做出對自己最有利的選擇。

在此，我們打開天窗說亮話。如果想將天下**所有**不幸的人齊聚一堂，包括有精神病、憂鬱症、自殺傾向的患者，被棄養、受虐的可憐人，遭逢悲劇或痛失愛人等打擊的人，走過重病、意外、重大創傷的倖存者，恐怕**每個人**都在裡面，因為每個人在尋找生命的出口時，多多少少都留下了傷疤。

沒錯，有些人承受的問題比其他人來得嚴重，有些人的確有理由說自己是慘遭荼毒的受害人。儘管這些遭遇打亂了我們的生活步調，影響我們的心情，最終還是改變（推卸）不了我們每個人對自己現況應負的責任。

受害情結蔚為風潮

「責任＝有錯」的謬誤等式，讓大家習於把解決問題的責任推卸給他人。藉由指責他人來卸責，可暫時讓人覺得飄飄然，感覺自己是捍衛道德的正義之士。

很不幸，網際網路和社群媒體造成的負面現象之一，是讓人更容易卸責，更容易將矛頭指向另一個團體或另一個人（即使他們的錯微不足道）。事實上，上網公開指責／辱罵他人的現象愈來愈普及，有些社群甚至覺得這麼做很「酷」。相較於社群媒體上其他的事件，號召大家一起參與公審的「不公不義」話題更能吸引大眾注意，更能挑起民眾的情緒。任何人只要能夠不斷擺出被欺負、被犧牲的受害者形象，就可博得有增無減的關注與同情。

「受害情結」當道，不分左派右派、不分貧富，都趕上了這波流行，其實這可能是人類史上首見這麼多人，不分族群，同步出現感覺被欺負、被犧牲的現象。大家不分你我，悉數站在隨「受害情結當道」而來的道德制高點。

今天**任何人**都能因為**任何事**，感到被欺負。可能是因為某本論種族主義的書被大學教授列為指定教材，可能是地方上某個商城禁止擺設耶誕樹，可能是基金的資本利得稅被調高了〇．五％……在在讓人覺得受到欺壓，因此生氣得理直氣壯，理所當然自認是受害人，理應受到關注。

現今媒體環境鼓吹這樣的反應，讓這股歪風久久不息。這也難怪，畢竟這麼做有利媒體經營。作家兼媒體評論員萊恩・霍利得（Ryan Holiday）稱這起現象是「挑眾怒」（outrage porn）：不報導真人真事，反而便宜行事、趨易避難（也因為利之所驅），專找一些會惹人生氣的話題或事件（但還不至於令人抓狂），廣泛報導後，成功挑起廣大觀眾的怒火，媒體再追蹤報導民眾怒氣橫生的反應，報導方式經過一些安排，又成功惹怒另一批群眾。結果出現兩個虛構的陣營像回音般你來我往、罵來罵去，反而轉移了大眾對社會真正問題的關注。難怪我們的政治愈來愈朝兩極化發展。

受害情結的最大問題是，它會轉移大眾的注意力，反而漠視**真正的**受害人。猶如喊狼來了的牧童：愈多人宣稱自己是小惡小錯的受害人，愈難讓人分辨誰才是真正的受害人。

老覺得自己被欺負，這樣的心態會讓人上癮，讓人感覺既爽又飄飄然；身為正義的使者、道德的高人，同樣會讓人感覺**飄飄然**。政治漫畫家提姆・克萊德（Tim Kreider）投書《紐約時報》意見版，他說：「發怒和其他會讓人上癮、感覺飄飄然的東西一樣，時間一久，會將我們從裡到外吃乾抹淨。發怒比其他惡行更神出鬼沒，我們甚至沒察覺發怒是一種樂趣。」

生活在民主自由社會，必須學著和自己不合的意見與唱反調的人群打交道。這是我們享受民主自由必須付出的代價，你甚至可以說，這是民主自由制度的核心，只不過愈來愈多人忘了這點。

我們得慎選戰役，同時盡力設身處地為對手、敵人著想。面對新聞與媒體，多少得戴著懷疑的有色眼鏡，也勿大筆一揮草草歸類和自己意見不合的人。我們應該將誠實、提升透明度等價值觀排在優先位置，質疑事事要正確、感覺良好、以牙還牙等價值觀。這些「民主」價值觀在網網相連、雜音不斷的世界裡，已較之前更難維繫，但是無論如何我們得將責任扛下來，讓這些價值觀發芽茁壯。未來的政治制度穩定與否可能得靠它了。

只有做不做，沒有「怎麼做」

很多人可能聽過上述所提的一切，然後說：「好，我知道了，但是該怎麼做呢？」他們會說，我知道自己的價值觀很遜，愛逃避責任，自以為是地要全世界繞著我打轉，重視我碰到的逆境與不順。我都知道，但是我該**怎麼**改變？

我的答覆是：「只有做不做，沒有『怎麼做』。」（這句話係模仿《星際大戰》尤達大師的名言：「只有做不做，沒有試試看。」）

你時時刻刻、日復一日**都在做選擇**，選擇要在意什麼、關注什麼。因此，要改變自我很簡單，只要改變在意的對象與價值觀即可。

真的**就是**這麼簡單，但知易行難。

之所以困難，是因為過程中你會覺得自己是魯蛇、有些心虛、像個笨蛋，這些都是一開始的反應。然後你會緊張不安、抓狂暴怒，可能忍不住對妻子、友人、父親咆哮。這些都是改變價值觀、改變關注事物時，會出現的副作用。過程雖然難熬，卻不可免。

改變的確簡單，但真的真的很困難。

我們來檢視一下可能出現的副作用。我打包票，你會變得沒那麼篤定、沒那麼有把握。「我應該放棄這個嗎？這事這樣做對嗎？」放棄多年來仰賴的價值觀，一定會覺得失去方向感，彷彿再也無法分辨對錯。過程雖辛苦，但實屬正常。

接下來，你會覺得自己是名魯蛇。你這大半輩子都是靠原先那套舊價值觀評量自己，因此一旦改變價值觀的優先順序、評量依據，以及原有的行為舉止，表示你已達不到過去的標準。這下你會覺得心虛，覺得自己無足輕重。儘管不習慣、不舒服，都是正常反應。

再者，別人會對你的改變不以為然。這輩子累積的關係多半靠之前的價值觀牽線與維繫，一旦改變了那些價值觀（諸如你決定學業重於玩樂、結婚成家重於約炮、做自己喜歡的工作重於賺錢），你這一百八十度的大轉變會撼動你所有的關係鏈，許多關係可能突然崩解。這也是正常反應，即使一樣會不習慣、不舒服。

這些都是改變價值觀，將在意對象換成更重要、更值得費心的事物之後，必然會經歷的副作用，痛是痛，但是在所難免。重新評估價值觀時，一路上會碰到內外夾擊與反彈。最明顯的是，你會變得沒把握，懷疑自己是不是做錯了。

但是時間會證明，這是好事。

選擇。以為愛情會自然而然出現，不需要努力爭取。以為「酷」必須靠訓練、向他人借鏡學習，而非可以自創的個人風格。

認識初戀女友後，我以為兩人可以天長地久。分手後，我以為我再也無法對另一個女人有同樣的熱情。我覺得有時候光有愛還不夠。之後我才明白，每個人都要漸漸學會**決定**什麼是「夠了」，而愛可以隨我們定義之。

回顧一路上的每一步、每一件事，我都發現自己錯了。這一輩子，我一路錯到底，不管是對我自己、別人、社會、文化、世界，乃至宇宙，一切的一切，我都錯了。

我希望接下來的人生還是這麼回事：一錯再錯。

一如「現在的馬克」回頭看「過去的馬克」所犯的每一個錯誤，有一天，「未來的馬克」也會回頭看「現在的馬克」的想法（包括本書的內容），然後發現類似的瑕疵與缺點，從中發現自己進步了。這感覺真不錯，因為代表我長大了，也成熟了。

麥可．喬丹（Michael Jordan）有句名言，說他的生命充滿一次又一次的失敗，正因為如此，所以他成功了。

成長是不斷**重複**的過程。學習了一件新事物，不會讓你從「錯」立刻變成「對」，而是從錯進化到少錯。再學一樣東西之後，從少一點錯進化到很少的錯，然後從很少的錯進步到更少的錯，以此類推。我們不斷減輕犯錯的程度，慢慢逼近真理與完美，但實際上永遠搆不到真理與完美之境。

我們不該一步到位，追求人生最後的「正確」答案，而是一點又一點修正今天的錯，讓明天比今天更好，明天比今天少一些錯。

從這個觀點來看，個人成長可以非常的科學。我們抱持的價值觀就如同研究計畫裡的假設：假設這個行為良好而重要；另一個行為不是。我們的行動是實驗；隨著行動而來的情緒與思考模式是數據。

世上沒有放諸四海皆準的教條或零缺失的意識形態，唯有你的所作所為與親身經歷，可以告訴你什麼**對你而言**才是對的。即使如此，這些經歷本身可能也非萬無一失。因為你我每一個人都有不同的需求、個人際遇、生活環境，所以不可免地，我們對於生活的意義、該如何過生活，會有不同的「正確答案」。我的正解包括：一個人連續幾年環遊世界、生活在偏遠的異鄉、笑看自己的糗事。至少這是現階段的正確答案。人生的答案會改變、會修正，因為我會改變、會修正；隨著年紀漸長、經驗漸豐，慢慢修正自己的謬誤與不足，每天少錯一點。

很多人對於生命與人生，過於執著「要正確」，最後落得從來沒有真正**活過**。

某個單身寂寞的女子希望找個伴，但是她足不出戶，也不會為了找伴做任何努力。一個男子埋首於工作，認為自己理應被拔擢或加薪，但是他從來不把這個想法明白告訴主管。

一般人會說，他們是因為害怕失敗、害怕被拒絕、害怕聽到別人說不，因此遲遲不行動。

但是真相並非如此。沒錯，被人拒絕的確讓人傷心。失敗真是讓人不爽到極點。但我們習慣死抱著一些道理與想法，鮮少質疑其真假，也不太敢拋棄多年來賦予我們人生意義的價值觀。那位孤單女子走不出自己的圈子，沒辦法找到約會對象，因為她不想面對或質疑多年來自己想要什麼。那位男子不去向上司爭取升官加薪，因為他不想挑戰自己的技術到底有多值錢。

自顧自沉浸在沒人覺得你迷人、沒人欣賞你才氣等自怨自艾的想法裡，儘管痛苦，比起勇於**測試**這些想法的真假，顯然容易多了。

這類想法（我不夠迷人，所以幹嘛多事；我的上司是人渣，所以幹嘛多事）多半讓我們安於舒適的現狀，卻得拿我們未來更大的幸福或成就作為抵押。無法忍受不確定感、甘心安於現狀，是非常糟糕的長期策略，但我們緊握著不放，因為我們以為這麼做是對的，以為我們自知會發生什麼事。換言之，我們以為自己知道故事的結局。

確定感是成長與進步的天敵。直到確實發生前，沒有事情是百分之百會怎樣或不會怎樣——就算到了真正攤牌的時刻，也還有商榷的空間。因此要成長、要進步，就必須先接受自己的想法與價值觀有其不足、有其缺陷。

既然放棄爭取確定感，取而代之的，應該是不斷地懷疑以及打問號：懷疑自己的想法，懷疑自己的感受，也懷疑未來可能面對何種光景。這些都要等到我們走到那一步、為自己另創一個未來，才會有答案。與其確認自己時時都是對的，不如檢討自己何以時時都在出錯，因為我們的確是這樣。

弄錯、做錯，給了我們改變的可能，以及成長進步的機會。代表我們無須割開手臂放血治療感冒、無須為了抗老而把狗尿抹在臉上。代表我們不會把「平凡」視為拒吃的蔬菜。代表我們不會害怕伸出觸角，關心發生的大小事。

有件事怪是怪，卻是真理：我們無法確切知道自己經驗的現實**到底**是利是弊，是正面還是負面。例如，人生最辛苦、壓力最大的時刻，最後可能是形塑個性、激勵人生的重大時刻。有些最讓人陶醉滿足的事，卻也最讓人沮喪、洩氣。別相信自己對正／負經驗的想法，我們唯一能確信的是，當下什麼會讓我們傷心、什麼不會。但說到底這件事沒那麼重要。

回顧五百年前人類的生活，我們覺得不可思議。同理，五百年後的人們看我們現在對一些想法確信不疑時，應該也會大聲嘲笑吧。嘲笑我們怎麼會讓金錢與工作決定生命的意義。嘲笑我們怎麼不敢肯定對我們影響甚巨的人物，而去追捧名不副實的公眾人物。他們會嘲笑我們的儀式、迷信、憂慮與戰爭；對我們的殘酷冷血瞠目結舌。他們會研究我們的藝術，論辯我們的歷史。他們會瞭解有關我們的諸多真相，只不過我們現在沒有一個人能夠明白這些真相是什麼。

然而，未來人類的想法與作為也並非都正確，只不過比我們少錯一些。

想法的建築師

試試這個。隨機找一些人，帶他們到一個房間，房間有幾個按鈕。告訴他們，若完成某個動作（至於是什麼動作，他們要自己摸索），燈會亮，顯示他們拿到一分。他們有三十分鐘的時間，最後看誰的得分最高。

心理學家做過這項實驗，結果可想而知。受訪者坐下來，開始猛按按鈕，直到燈亮得分為止。接下來，他們會重複剛剛的動作，以便拿到更多分數。只不過現在燈不再亮了，所以他們開始變通，諸如這個按鈕按三下，那個按鈕按一下，然後等個五秒，**叮咚**！再添一分。最後，**這一招**也不管用。他們只好再想別的辦法。心想也許跟按鈕無關，搞不好跟坐姿或摸了什麼東西有關，也許是雙腳的關係。**叮咚**！再拿到一分。沒錯，也許是我的腿，**所以**我按了另一個鈕。**叮咚**！

通常在十至十五分鐘內，每位受訪者都可摸出一套得分的行為順序，動作多半很奇怪，諸如單腳站立，或是朝某個方向按鈕、記住一長串按鈕順序，以及手指在每個按鈕上停留特定的時間。

有趣的是：得分不過是隨機的結果，並非因為做對了某個動作。得分沒有所謂的順序或模式。只因為「叮咚」一聲燈亮了，展現「特技」的受訪者就以為動作做對了，再添一分。

該實驗並非以虐人為目的，而是凸顯人腦非常厲害，能在短時間內想出一堆不成立或不存在的理論，並信以為真。事實證明，我們各個都是這方面的高手。每位受訪者離開時，莫不覺得自己搞定了這個實驗，順利打敗其他參賽者。他們深信自己找到了「萬無一失」的按鈕順序，可以次次得分。其實他們想出的辦法，和他們的人一樣獨一無二，全世界只有一個。有名男子想出一長串按鈕順序，不過只有他一個人看得懂，其他人都一頭霧水。有個女孩相信她必須伸手碰天花板數次才能得分，因此實驗結束時，她因為頻頻跳上跳下而累癱了。

我們人腦是會摸索意義的機器（meaning machine）。我們所瞭解的「意義」（meaning），其實是人腦將兩個或兩個以上的經驗加以聯想的結果。我們按了個鈕，看到燈亮，以為是按鈕導致燈亮，這種連結就是意義建構的基礎與核心。按鈕，燈光；燈光，按鈕。我們看到一張椅子，發現它是灰色，腦袋開始把顏色（灰色）與物體（椅子）加以連結，並建構意義：「這椅子是灰色。」

我們的腦袋不斷在轉，產生一個又一個連結，協助我們瞭解並掌控周遭的環境。我們所經驗的一切（不論內外）會在腦海衍生更多的連結與聯想。從書頁上的文字、剖析句子的文法概念，乃至走神想歪冒出齷齪的想法（因為我的文章愈來愈乏味無趣、愈來愈千篇一律），這些思維、突然冒出的想法與觀點，點點滴滴建構了成千上萬的神經元連結，然後萬箭齊發，形成知識與理解的熊熊大火，照亮你的心智。

但是這樣的連結有兩個問題。首先，人腦並非完美得沒有一點瑕疵，我們會搞錯所見所聞，也很容易忘東忘西、張冠李戴。

其次，我們的腦袋一旦建構了連結與意義，我們會對那意義堅信不疑。我們會偏向自己腦袋建構的意義，捨不得放手。即使明明有證據抵觸我們想出來的意義，我們卻往往選擇漠視，堅持自己的想法才對。

美國喜劇演員艾墨．菲利普斯（Emo Philips）說過：「我一向認為腦袋是全身最重要的器官。但是後來想了一想，才瞭解是誰對我說了這句話（就是自己的腦袋）。」說來不幸，我們自以為的「知道」與相信，其實大都衍生於腦袋裡一堆根深柢固的謬見與偏見。我們的價值觀有一大部分得之於無法代表世界全貌的事件，或是出於完全曲解的過去經驗。

這樣會導致什麼結果呢？我們大部分的想法都是錯的，更正確地說，我們**所有的**想法都是錯的，只不過有些錯的程度較低罷了。人腦是一堆錯謬的大雜燴。這點可能讓你不舒服、不習慣，卻是非常重要的概念，接下來你會明白我為什麼這麼說。

小心你所堅信的事

一九八八年，記者兼女性主義作家梅瑞迪斯．馬蘭（Meredith Maran）在接受心理治療的過程中，驚訝地發現自己小時候曾被父親性侵。她覺得青天霹靂，發現自己大半的成人時間都花在壓抑、遺忘這段過去。直到三十七歲，她站出來和父親對質，並將事情經過告訴家人。

梅瑞迪斯的吐實嚇壞了全家。她的父親全盤否認女兒的指控，有些家人站在梅瑞迪斯這邊，有些則和她父親站在同一陣線，家族自此一分為二。這個痛，早在梅瑞迪斯出面指控父親前，就決定了她和父親的關係，而今事情曝光，彷彿黴菌蔓延滋生，蠶食撕裂每一個人。

過了八年（一九九六年），另一個驚人的發現浮出檯面：實際上，她的父親**並未**性侵她（我知道，這實在是……）。原來梅瑞迪斯之前在那位立意良善的治療師的協助下，杜撰了幼時記憶。受到罪惡感譴責，她努力在父親過世前，設法和父親及其他家人和解，不斷向他們道歉與解釋，可惜一切為時已晚。她的父親過世，家族關係也無法回到從前。

我們發現，梅瑞迪斯的遭遇並非特例。她的自傳《我的謊言：不實記憶的真人實事》（*My Lie: A True Story of False Memory*）透露，一九八〇年代許多女性指控家族裡的男性成員性侵，結果數年後都翻了口不承認。同一期間，也有一堆人宣稱有些邪魔外道教派性侵兒童，但是警方在十多個城市調查後，沒有發現任何犯罪證據。

為什麼有人會突然杜撰家人性侵或邪教染指兒童的可怕記憶與遭遇？為何這些都發生在一九八〇年代呢？

小時候玩過傳話遊戲嗎？對著一個人的耳朵小聲說出傳話內容，這個人再把內容傳給下一個人。十個人下來，最後一個人聽到的內容，和第一個人聽到的幾乎南轅北轍，八竿子打不著。基本上，我們的記憶也是這麼回事。

我們碰到了一些事，幾天後，我們的記憶可能和原先的稍有不同，一如傳話遊戲，後面的人常會漏聽或聽錯。我們把遭遇告訴另一個人，為了填補情節漏洞，往往會加油添醋，讓一切看起來合理，以免別人覺得我們在胡說八道、異想天開。接著，大家漸漸相信這些加料的部分，再告訴下一個人，以訛傳訛就是這麼回事。一年後，我們喝醉了，醉言醉語說出這段故事，又再加油添醋了一番（打開天窗說亮話吧，約有三分之一的內容是捏造的）。但是酒醒之後，我們不願承認自己撒大謊、信口雌黃，所以將錯就錯照著這個醉言醉語、加料灌水的版本走下去。五年後，我們對天發誓、對母親大人的陵墓發誓，堅持我們說的話真到不能再真，但真實成分至多只有五成。

我們都做過這種事，無一例外。不管我們多麼誠實、多麼出於善意，我們老是在誤導自己與他人，理由無他，因為人腦的存在是為了追求效率而非精準。不僅我們的記憶會短路（因此目擊者的證詞不見得會被法官重視），人腦的運作也嚴重偏頗。

怎麼會這樣？因為人腦得設法理出頭緒，弄清楚我們目前的處境，過程中，根據的是我們既有的想法及過往的經驗。人腦每次接受新的資訊，都會根據我們既有的價值觀與結論加以評估與判斷，因此人腦會往當下我們覺得真實的想法靠攏。例如姊妹關係好的時候，有關妹妹的記憶就會偏向正面解讀。當姊妹關係變調時，同樣的記憶就會有不同的解讀結果，我們會重新調整角度，試著合理化現在何以對她怒火相向。去年耶誕節她送的貼心禮物，而今被視為高高在上的施恩之舉。上回她忘了邀請我去她的湖邊小屋，如今看來並非無心之過，而是刻意漠視的結果。

至於梅瑞迪斯捏造父親性侵一事，只要我們瞭解她這性侵的想法出自什麼樣的價值觀，就會更明白她這麼做的理由。梅瑞迪斯自小與父親的關係緊繃、不睦。再者，梅瑞迪斯幾段和男性的戀情都以失敗收場，包括一次離婚。

因此根據她的價值觀，「和男性建立親密關係」之路並不是很順暢。

接著是在一九八〇年代初期，梅瑞迪斯成了激進的女性主義分子，開始以兒童受虐為研究主題。連續幾年，她接觸一個又一個駭人的受虐故事，訪問亂倫的倖存者（多半是小女孩）。她也廣泛報導幾項同期間被揭發的不實研究；後來證明，這些報導誇大了兒童遭猥褻的案例（實際上，這類悲劇沒有那麼普遍。其中最廣為人知的一項研究指出，有三分之一的成人女性幼時曾被猥褻，後來證實這數字不實）。

此外，梅瑞迪斯這時陷入熱戀，愛上另一名女子（亂倫的受害者）。梅瑞迪斯和她建立了互相依存的「有毒關係」。梅瑞迪斯想扮演「救世主」，幫助伴侶走出過去的創傷，對方則以自己過去的創傷為武器，博得梅瑞迪斯的關愛（關於這中間的界線，詳見第八章）。與此同時，梅瑞迪斯和父親的關係愈來愈惡化（其實獲悉女兒女戀，他並不訝異），並持續接受心理治療，頻率之高已到了強迫症的地步。她有一個以上的治療師，每個人背後都有一套驅策**自己**行為的價值觀與想法，他們不約而同地堅稱，梅瑞迪斯之所以不開心，絕非只是壓力極大的記者工作或差勁的人際關係所致；**一定有其他原因，其他更深層的原因**。

大約在同一時期，盛行一種名為「壓抑記憶」（repressed memory）的新形態治療。過程中，治療師會讓患者進入類催眠狀態，引導患者回到童年，重新體驗或恢復被遺忘的記憶。這些記憶多半無傷大雅，但至少包含一些創傷記憶。

於是，梅瑞迪斯落得今天可憐的下場：每天的研究與報導內容都圍繞著亂倫與兒童性侵打轉，對父親埋怨不已，一輩子和男人的關係均以失敗收場，而唯一似乎瞭解她又愛她的人，是一個有亂倫遭遇的女子。每隔一天，她都躺在心理診所的沙發上，照治療師的要求，一遍遍哭著回憶她記不得的東西。瞧，這真是捏造記憶、指控曾遭到莫須有性虐待的絕佳素材。

腦袋在處理、消化、解讀我們體驗的現實時，最優先要務是想辦法把這些經驗和之前的經驗、感覺、想法連結，讓前後達到一致與連貫。但是現實人生裡，過去與現在往往**無法**連貫。這時候，我們當下的體驗會抵觸我們之前視為真理與合理的一切。為了讓前後連貫與一致，我們人腦有時會捏造不實的假記憶。藉由連接現在的經驗和想像（捏造）的過去，我們的心智可以繼續保留之前建構的意義。

一如之前所提，梅瑞迪斯的故事並非特例。實際上，從一九八〇年代到九〇年代初，有數百人背負性暴力的不實指控，其中許多人因此入獄。

對那些不滿現狀的人而言，這些帶有暗示性的解釋，加上喜歡炒作的媒體（社會不乏已達流行病程度的性虐待及暴力事件，搞不好連**你**都是受害人），在在給了人們誘因，不自覺地對過往記憶稍稍加油添醋一番，或是在解釋受苦的現狀時，把自己塑造成受害人，藉此逃避責任。復原壓抑記憶療法是一種手段，可挖出一些深藏而沒有自覺的欲望，變成看似具體、鮮明的記憶。

這個療法以及隨之而來的心態在當時非常普遍，因而出現「假記憶症候群」（false memory syndrome）一詞。這現象改變了法院的作業，數千名治療師挨告，被吊銷執業證照。復原壓抑記憶療法被淘汰，取而代之的是更務實的辦法。最新的研究只是進一步強化當年的痛苦教訓：信仰與看法可被塑造，記憶絕不可靠。

坊間不乏經典名言，諸如「信任你自己」、「順著自己的直覺」等聽起來順耳的老調。

不過實情可能是**不要太過**相信自己才對。畢竟我們的心與腦非常不可靠，也許我們應該**多多**質疑自己的意圖與動機。若我們都會犯錯，也老是犯錯，難道不該自我質疑、不假辭色地挑戰自己的想法與假說嗎？難道這不是求進步的合理之道嗎？

這聽起來也許讓人惶恐害怕，形同自廢武功，但實情正好相反，避免過度相信自己，不僅是更安全的選項，也更能解放鬆綁自己。

堅信不疑的風險

在日本壽司餐廳，艾琳坐在我對面，努力解釋她為什麼不相信死亡這件事。我們兩人已經在這裡消磨了近三小時，她吃了四條黃瓜捲、一個人喝了一整瓶清酒（其實第二瓶也已經一半下肚），現在是週二下午四點鐘。

我沒有約她。她是透過網路發現我人在這裡，飛奔過來找我的。

這不是第一次了。

她以前也不請自來過。艾琳深信她可以戰勝死亡，也深信需要我幫忙才辦得到。但是她要的不是類似向公關或顧問徵詢意見、公事公辦之類的協助。她要的不只這些：她要我做她男友。為什麼呢？經過了三個小時的溝通質詢，加上一瓶半的清酒，我還是一頭霧水。

對了，我的未婚妻也在場。艾琳覺得我未婚妻必須出席，三人一起討論才有意義。艾琳希望讓我的女友知道，她很大方，「願意三人行」，也想讓我女友（現在已是我妻子）安心，「不要覺得受到她的威脅」。

二〇〇八年我參加一場勵志座談會時，認識了艾琳。她是個不錯的人，只不過有點異想天開，響應新時代思潮（New Age）。怪歸怪，她是一名專業律師，畢業於常春藤名校，顯見頭腦一流。無論我講什麼笑話，她都很捧場，認為我挺迷人的——嗯，瞭解我的人都知道，我自然是跟她滾過床單了。

一個月後，她邀我越過大半個國家搬去和她同居。在我看來，這可是個危險訊號，所以努力和她劃清界線。她卻說，若我拒絕和她同居，她就自殺。哇，這又是另一個警訊。我立刻重新設定電子郵件及所有電子設備，將她列進拒絕往來的名單。

這招雖然減緩她的行動，卻無法制止她。

我們還沒認識的前幾年，她出過嚴重的車禍，幾乎命喪輪下。實際上，她的確符合醫師定義的「死亡」（腦死了幾分鐘），但是最後奇蹟似地甦醒。她「恢復意識」時，表示一切都改變了。她變得非常講究靈性與精神生活，相信能量療法、天使、宇宙意識、塔羅牌。她也認為自己是個療癒者、通靈人，能夠看到未來。不管是基於什麼理由，她見到我的第一眼，就決定她和我注定要一起攜手解救世界。照她的說法，就是「治好死亡」。

她被我封殺後，另外設了新的電子郵件帳號，有時一天可以寄來十多封憤怒信件。她也用假名在臉書與推特上註冊，不斷地騷擾我及我的好友。她架設了一個和我相似的網站，在上面發表十多篇文章，聲稱我是她前男友，說我騙過她、背著她偷腥，還說我答應娶她卻反悔，強調她和我是天生的一對。我聯絡上她，要她關了網站。她說，除非我飛到加州和她一起生活，否則免談。這是她所謂的妥協與讓步。

從頭到尾，她的理由都是：我們倆注定要在一起，這是上帝的旨意。她說有天半夜，她聽到天使的聲音醒了過來，天使以不容置疑的口吻告訴她，「她和我的特殊關係」是地球邁向永世太平新時代的先兆（她的的確確是這麼跟我說的）。

在壽司餐廳碰到她之前，她寄了數千封電子郵件給我，不管我有無回覆，回覆時態度有禮或是怒氣沖沖，完全改變不了現狀。她的心態不變，她的想法沒有一絲鬆動。這情形持續了七年多（至今仍是進行式）。

小小的壽司餐廳裡，艾琳不斷地豪飲清酒，一邊叨絮她是如何靠能量療法治癒她家愛貓的腎結石，連講了幾小時還不停。這時，我腦海裡有了一個想法。

艾琳是自我成長狂，花大把銀子買書、上課、參加研討會。最不可思議的是，她會把上課的心得完全具象化，所以一旦有了夢想與目標，她會堅持到底：畫出藍圖，採取行動，力抗反對聲浪與失敗打擊，愈挫愈勇。她是個無可救藥的樂觀主義者，自信心高得離譜。例如她說到治癒愛貓腎結石一事，口氣之得意，猶如耶穌治癒痲瘋病患者拉撒路（Lazarus）。真是有夠扯。

但是她的價值觀簡直被搞得慘不忍睹，一文不值。她把每件事「都做對」，不代表她是對的。

她對一切都是那麼有把握，那麼堅信不疑，自信與篤定的程度之強，毫無鬆動讓步的餘地。她用長篇大論告訴我她這個缺點，說她知道自己對我這麼窮追不捨，既不理智也不健康，還搞得她和我都不開心。但不知怎地，她覺得這感覺真不錯，因此無法不理會，也無法停止。

一九九〇年代中，心理學家羅伊．鮑梅斯特（Roy Baumeister）開始研究惡人與惡行。基本上，他分析做壞事的人，找出他們做壞事的原因。

當時的社會普遍認為，人之所以行惡是因為他們非常看不起自己，亦即他們非常自卑，自我評價甚低。鮑梅斯特發表了一個驚人的發現，稱這個假說並不成立，更正確地說，研究結果與社會普遍的認知背道而馳。他說，有些犯下滔天大罪的惡人自我感覺超好，也正是這種罔顧現實的自戀心態，讓他們名正言順地傷害人、輕蔑人。

一個人若覺得對他人惡形惡狀是合情合理、名正言順，勢必對自己的正義感、想法、應得的權益，有著不可撼動的自信與把握。種族主義分子篤信自己的基因優於其他人種，所以可以歧視、施暴其他種族。宗教狂熱分子引爆炸彈自殺，連帶奪走十多條人命，因為他們堅信自己可以烈士的身分在天堂占一席之地。男性性侵、虐待女性，因為他們堅信女性的身體歸他們所有。

惡人絕不會認為**自己**是惡人，反而堅信其他每一個人才是壞蛋。

以心理學家史坦利．米爾葛蘭（Stanley Milgram）命名的知名實驗（後來簡稱米爾葛蘭實驗〔Milgram Experiment〕）飽受爭議，在實驗的過程中，研究員要求充當裁判的「正常人」處罰打破規則的受訪者。有時處罰會加重到虐待身體的程度，但沒有一個充當裁判的受訪者提出異議，或者要求研究員給個解釋。反之，許多裁判頗享受被委以衛道重任的那種踏實感。

問題是百分之百「就是如此」的那種確定感，不僅不可得，往往還會衍生更頻繁、更嚴重的不安全感。

許多人毫不懷疑自己的工作能力，也十分確信自己**該**拿多少薪水。但是這種不可撼動的確定感並沒有讓他們更好受，反而更難過。看到其他人搶在他們之前獲得升遷，他們覺得自己被輕蔑、被小看，沒有得到應有的賞識與肯定。

即便像偷看男友的手機簡訊，或是向朋友打聽其他人對自己有何看法等小事，都是不安全感作祟，以及死也要得到確定感之故。

檢查男友的手機簡訊，也許未發現異狀，但事情鮮少會到此為止。接下來，你可能開始懷疑他是不是有另一支手機。在工作單位，你和升遷失之交臂，覺得自己被輕蔑、被踐踏，用這理由安慰自己。但這樣的解釋，只會讓你懷疑同仁，疑神疑鬼他們講得每一句話（也重新詮釋他們對你的感覺），這種心態只會進一步降低你升遷的機會。你可能繼續糾纏那個「理應」跟你是一對的特別男子，但是每被冷落一次，每當夜深人靜一個人獨處時，你只會愈來愈質疑自己是不是哪裡做錯了。

在這樣充滿不安全感與強烈失落感的時刻，隱伏的「理所應當」心態就容易跑出來作祟，左右我們的思維：心想我們**有權**小小作弊一下，以遂我願；認為其他人都**活該**受罰；覺得我們要什麼就**可以**拿走什麼，有時甚至靠暴力硬取。

這再一次應驗了逆向法則：你愈是努力想確定什麼，就愈沒有安全感，也愈沒有把握。

但反之亦然：愈是不確定、愈是不知情，對於自己不知道的狀態愈是感到自在。

保持不確定感，就不會一直批評或論斷別人；也可先行打預防針，不會每次在電視上、辦公室或街上看到什麼人，便出現沒必要的刻板印象與偏見。不確定感更讓我

曼森法則適用於人生的好事與壞事。賺了一百萬和輸光所有錢，對自我認同感的威脅程度不相上下。成為搖滾巨星對自我認同感的威脅，可能和丟了工作差不多。這也是為什麼大家害怕成功一如他們害怕失敗，因為道理都一樣：都會威脅他們對自我的認同。

你遲遲不動筆編寫你嚮往已久的電影劇本，因為你害怕這麼做會抵觸自己身為保險理算師的身分。你不敢和丈夫討論閨房情趣，不敢說自己想要更刺激的探險，因為你擔心這樣的談話會挑戰你循規蹈矩的乖乖女形象。你不敢跟友人說你要跟他絕交，因為你擔心一講出來，會和你寬大和善的一面抵觸。

這些都是絕佳的大好機會，我們卻一再任其溜走，因為我們對自己的看法與感受可能會因此改變，危及我們認定並努力實踐的價值觀。

我有一個朋友，老說要把自己的藝術作品放到網上，希望成功轉型，成為專業藝術家（或至少半專業藝術家）。他說了好幾年，也存了錢，甚至架設了幾個網站，上傳了個人簡介。

但至今一直停留在只聞樓梯響的階段。問他為什麼，他總是找得出理由：畫作的解析度不夠好，他又畫了更好的作品，他還沒準備好全心投入等等。

幾年過去，他一直沒有放棄「真正的工作」。為什麼？因為即使他嚮往靠藝術創作賺錢維生，他最後可能變成「乏人喜歡的藝術家」，而這遠比繼續當個「沒沒無聞的藝術家」來得可怕。至少當個「沒沒無聞的藝術家」，他比較放心，也比較習慣。

我的另一個朋友是派對常客，幾乎日日出門買醉、獵豔。過了多年「精彩的生活」，他發現自己非常孤單、沮喪，健康也不佳。他想要放棄跑趴的生活方式，每次提到我們這些有女友、「已收心過著比他安定的生活」的人，莫不露出強烈的嫉妒心。然而他依然故我，從未改變。多年來，他繼續夜夜落單、買醉。他總是有藉口，總是找得到理由不去放慢步調。

放棄這樣的生活方式，會嚴重威脅他的認同感。畢竟派對咖是他唯一熟悉而習慣的角色，要他放棄等於要他命。

我們每個人都有自己的價值觀，會努力保護、實踐、維護，也會以各種理由將之合理化。儘管我們並無此意，但人腦就是這麼連結與設定的。一如之前所提，我們會偏好已知、自認為確定無疑的事物，即使這有失公允。若覺得自己是好人，就會習慣避開可能與這個想法抵觸的情境。若自認是一流的廚師，會一遍又一遍爭取機會，證明自己實至名歸。想法總是優於一切，除非我們改變對自我的看法，改變我們對自己是什麼樣的人或不是什麼樣的人的想法，否則我們會繼續選擇逃避，無法克服焦躁不安。我們無法改變。

照此看來，「認識自我」、「找到自我」說不定是危險的，因為這會讓你的角色定型，不容改變，也會強加一些不必要的期望在自己身上，反而故步自封，接觸不到內在的潛能與外在的機會。

我主張**不要**找到自我，**永遠**不要確定自己是誰，因為這才能讓你繼續努力，繼續探索，逼迫你保持謙卑，接受別人和你之間的差異。

殺掉自我

佛教認為，人對「我」的看法其實是武斷的意識建構，必須放掉「我」存在的這個想法。那個你據以定義自己是誰的武斷標準會侷限你，讓你陷入困境，因此最好擺脫它。就某種意義而言，佛教鼓勵大家「管他的咧」。

聽起來有點不靠譜，但「管他的」人生態度的確有益心理健康。只要放掉我們對自己的看法與說法，就能擺脫自己給自己的枷鎖與束縛，勇敢付諸行動（勇敢面對失敗），進而成長進步。

當一個女子坦承：「的確，我可能不擅長處理關係。」踏出這一步，接下來她可能就自由了，勇於採取行動，結束糟糕的婚姻。她無須為了向自己證明什麼而繼續保住搖搖欲墜的可悲婚姻，反正她的身分已名存實亡，無須保護。

當之前那個學生坦承：「的確，我應該不是異類；搞不好只是害怕而已。」有了這層認知，他就自由了，敢再次做夢。他不再害怕在學術上求表現，或是以失敗收場。

那位保險理算師坦承：「的確，不管是我的夢想還是我的工作，一點也不獨特出眾。」然後他就自由了，開始心無旁騖撰寫電影劇本，看看會有什麼結果。

以下提供好壞皆有的訊息：**其實你的問題和大家差不多，鮮少是獨一無二的特例**。所以放手「管他的」，是解放自己的重要一步。

恐懼起因於不合理地要求百分之百肯定的答案，因為過於沉浸在恐懼裡，而退縮不前。搭機時，假定飛機會墜毀；假定專案的構想太蠢，一定會遭大家嘲笑；自認將成為大家嘲笑或漠視的對象。這些想法等於是明白告訴自己：「我是特例；我和大家不一樣；我是唯一，我與眾不同。」

這是典型的水仙花情結，百分之百的自戀人格。你覺得**自己**的問題值得特殊待遇，**自己**的問題獨一無二，得用一套不符實體宇宙定律的特殊數學公式才能解決。

我的建議是：**不要**當特例；**遠離**獨特。重新定義個人的標準，記得要符合平凡與通用的原則。評量自己時，切勿將自己視為明日之星，或是尚未被發掘的天才，也不要把自己歸類為可憐之至的受害人，或是讓人同情的失敗作品。要用更平凡的角色（如學生、夥伴、友人、創作者）來定義或評量自己。

自選的身分愈是特別與少見，受到的威脅感愈大。因此定義自我時，角色愈簡單平凡愈好。

換言之，放棄對自我一些浮誇不實的想法：諸如不世出的智者、天才，擁有讓人不敢逼視的魅力，或是受虐被害的程度超出大家想像。這意味著放棄理所當得的心態，擺脫這世界虧待你的想法，放棄多年來靠求痛快、飄飄然支撐自己的習慣。一如戒毒癮的男女，你也會在捨棄這些想法與習慣時，出現戒斷症狀。但是只要過了戒斷期，你將煥然一新，更上一層樓。

對自己少一些確定感

質疑自己的想法、懷疑自己的信念，是世上最難學的技能之一。難是難，還是辦得到。以下列出一些問題，有助於讓大家對自己少一些確定感。

問題1：萬一我錯了怎麼辦？

我有個女性朋友，最近訂了婚準備結婚成家。她的未婚夫實在又牢靠，不酗酒，不會對她動粗或惡待她，為人友善，有份不錯的工作。

但是她訂婚後，她哥哥就不停告誡她：說她的選擇失之草率；警告她跟了這男的，日子不會好過；也嫌她不負責任；責怪她做錯了。我朋友每次都反問她哥哥：「你到底有什麼毛病？為什麼這件事這麼困擾你？」他的反應彷彿**沒事**似的，絲毫不覺得妹妹訂婚對他構成任何困擾，他只是想幫忙，為自己的妹妹把關。

但顯然的確**有事**困擾他：也許是他自己對婚姻有著不安全感；也許是手足間愛較勁；也許是因為嫉妒；也許是他自己走不出被害者情結，不懂得替別人感到開心，反而酸言酸語讓對方難過。

根錯節的問題，有助於我們揪出造成我朋友的哥哥以及我們行為走調的真正核心。

問題3：相較於現在的困境，認錯是讓我們／他人的問題改善還是惡化？

這問題有如石蕊試紙，一試結果立現，決定我們到底是在實踐堅實的價值觀，還是神經質地在找碴，將怨氣出在每個人身上，包括自己。

我的目的是讓大家分析哪個**問題（選項）**比較好。因為誠如「掃興貓熊」所言，人生的問題沒完沒了。

以下有兩個選項，我朋友的哥哥會選哪一個？

A：繼續和家人為敵，鬧得全家雞犬不寧，讓原本應該幸福快樂的時光變調，並破壞他和妹妹之間的互信與互重，只因為他直覺妹妹的未婚夫不夠格，配不上她。

B：懷疑自己真有能耐決定妹妹的人生，決定什麼適合她、什麼不適合她，保持謙遜，相信她自己可以作主。就算他信不過，也會基於對妹妹的愛護與尊重，接受一切的結果。

許多人會選擇A，因為做起來比較簡單：不需要過多的思考，不用瞻前顧後，也不用容忍他人做出與自己相左的決定。

但A選項也會讓牽涉到的每一個人陷入不幸與痛苦。

選項B有助於維繫健康而幸福的關係，因為關係是建立在互信與尊重之上。選項B會強迫我們保持謙遜，承認自己的無知與不足。也正是選項B能讓我們擺脫不安全感的枷鎖，認清自己現在冒出了衝動、偏心、自私等心態。

但是選項B的過程痛苦，相當不容易，很多人會迴避。

我朋友的哥哥不滿她和男友訂婚，陷入和自我的拔河戰。當然啦，他堅信自己是在保護妹妹。但是誠如我們所見，所謂的想法是武斷的心智建構；更糟的是，往往是事後編造的，用以合理化我們自選的價值觀與評斷標準。實情是，朋友的哥哥寧願搞砸他和妹妹的關係，也不認為他可能有錯，即使後者可能讓他擺脫不安全感（正因不安全感作祟，讓他一開始就有了偏見）。

我奉行的常規少之又少，不過有一條我奉行了多年：若是我得決定，不是我完蛋，就是其他每一個人落得完蛋的下場，最後完蛋的大有可能（非常有可能）是我。這是過來人的經驗談。我曾是個混帳，因為不安全感驅策以及漏洞百出的確定感作崇，唧歪行為不勝枚舉。實在不甚光彩。

我的意思是，世上仍有一些作法是會讓人完蛋的；有時候，你的確比其他大部分人來得正確。

這是不爭的事實：若你覺得自己在對抗全世界，很可能你對抗的只是你自己。

第7章　失敗是前進的動力

我說自己是幸運兒，絕非矯情，而是打心底這麼認為。二○○七年我大學畢業，剛好碰上金融崩盤與「大衰退」，正要進入社會就業，卻面臨八十多年來最慘澹的就業市場。

屋漏偏逢連夜雨，分租我公寓其中一房的房客已拖欠租金三個月。找她要時，她可憐兮兮地哭訴，然後就此蒸發。我和另一個室友只好替她收拾爛攤子，幫她墊付一切費用。這下存款全部泡湯。接下來六個月，我只能借睡朋友家的沙發，並且到處打零工，能不欠債就盡量不欠，同時努力找份「正經工作」。

說自己是幸運兒，因為我是以輸家的身分進入成人世界。一開始就被打到谷底，比別人提早面對逆境。許多人在就業多年後面臨是否創業、轉換跑道、辭去現在的爛工作，會擔心這擔心那，最怕落得一無所有。我很幸運，一出校門就從零開始，未來只會漸入佳境。

所以，我的確是幸運的寵兒。這期間，我睡在朋友家有異味的沙發床上；必須每天錙銖必較，看這週錢夠不夠到麥當勞飽餐一頓；寄出了二十份履歷，結果石沉大海。這時我心想，開個部落格之類的網路事業應該沒那麼可怕吧。即使我在網路上的每個事業計畫都以失敗收場、上傳的每篇貼文都乏人閱讀，大不了回到原點而已，為什麼不試試呢？

失敗本身是個相對的概念。若我評斷成敗的標準是成為無政府－共產主義革命分子，那麼二〇〇七至二〇〇八年之間身無分文的我，可謂成就非凡。但要是我的標準和多數人一樣，試圖找到一份正經穩定的工作，足以支付畢業後的帳單，那麼我是完全不及格。

我出自一個富裕的家庭，金錢對我從來不是問題。我家雖然有錢，但是錢往往用來迴避問題而非解決問題。所以我再次受到幸運之神的眷顧，因為我自小從這個家學會一個道理：光會賺錢並不足取。你可能賺進大把銀子，但人生窮得只剩錢；反之，你可能身無分文，卻過得相當開心自在。因此，為什麼要把金錢當作衡量自我價值的工具？

我的價值觀不是金錢，而是自由、自主。我一直想創業當老闆，因為我不喜歡被人指使該怎麼做，偏愛自己作主。上網工作不僅工作地點自由，工作時間也可以自己定奪。

我問自己一個簡單的問題：「一個工作薪資優渥，但我不喜歡；一個是在網路創業，有陣子可能身無分文。我要哪一個？」答案立現，我毫不遲疑選擇了後者。接下來，我又問自己一個問題：「如果我試著在網路創業，過了數年，依舊以失敗收場，還是得回頭找份正職，這樣我損失了什麼嗎？」答案是沒有。二十二歲時，沒錢、失業、無相關經驗；二十五歲時，一樣是沒錢、失業、無相關經驗。但是誰在乎呢？

有了這樣的價值觀，**不敢**勇於實踐自己的網路創業計畫，才是敗筆。至於身無分文、借睡在朋友家的沙發上（我借住了兩年之久）、履歷上空白的工作經驗，都算不上敗績。

成與敗的弔詭之處

西班牙繪畫大師畢卡索（Pablo Picasso）上了年紀之後，某天坐在西班牙一間咖啡館裡，在一張用過的餐巾紙上專心塗鴉，渾然不管周遭的動態，想到什麼好玩的就畫下來，彷彿十幾歲的青少年在公廁牆上畫生殖器塗鴉。只不過這個人可是畢卡索，就算他在沾了咖啡漬的紙巾上畫了陽具，該塗鴉也會被視為立體派／印象派的巨作。

言歸正傳，有名女子坐在大師附近，以崇拜的眼神看著他。過了幾分鐘，畢卡索喝完咖啡，把畫了塗鴉的餐巾紙揉成一團，離開時隨手一扔。

女子攔住了他。「等一下，」她說：「那張你畫了東西的餐巾紙可以給我嗎？我會付你錢。」

「沒問題。」畢卡索答道：「兩萬美元。」

女子的臉猛地往後一震，彷彿畢卡索朝她扔了塊磚頭。「你說什麼？那畫你才花了短短兩分鐘。」

「妳錯了，女士。」畢卡索回道：「我花了六十年才畫得出這個。」說畢，他把紙巾塞進口袋，走出咖啡館。

精進某樣東西之前，得經歷多達數千次的小挫敗；成就大小要看失敗的次數而定。若一個人比你擅長某樣東西，可能是她之前失敗的次數超過你。若有人的表現不如你，可能是他經歷的痛苦沒你多。

想想學走路的小孩，成功之前他可能摔了、痛了數百次之多，但是小孩絕不會停下來想：「嗯，我想走路不適合我，我看還是算了吧。」

逃避失敗是我們長大後才學會的。我相信一大部分是教育使然，畢竟教育制度嚴格根據表現論斷成敗，表現不好也會受到處分。再者，因為父母過於保護或苛責小孩，不願放手讓小孩自己去闖，反而處罰他們標新立異，不照規矩行事。此外，大眾媒體不斷報導一個又一個傲人的成功故事，卻鮮少著墨人家在背後可是花了數千小時一成不變的練習再練習，才有這般斐然的成績。

我們多數人到了某個位置，多多少少會害怕失敗，出於本能地遠離障礙，習慣安於現狀，或是耽溺在自己擅長的項目。

這會侷限我們，扼殺我們的潛能。唯有勇於嘗試挫敗，才可能真正成功。若不願意嘗試，意味著我們不願意和成功為伍。

之所以害怕失敗，和我們選擇的價值觀有關。若我評量自己的標準是「我希望自己人見人愛」，那麼我一定每天緊張兮兮，因為失敗與否完全由他人決定，而非自己作主。操控權不在自己手上，而是由他人主宰、論斷我的價值。

然而，若我將標準換成「改善我的社交生活」，這麼一來，只要我「和他人保持良好關係」，就算實踐了自我價值，無須理會他人對我的觀感。我的自我價值建立在自己的行為與幸福快樂之上。

差勁的價值觀（詳見第四章）包含超出自己掌控的具體外部目標，若死命追求不放，會讓自己焦躁不安。就算我們歷經辛苦達到目標，也會覺得空虛、無趣，因為一旦達陣，人生無風無浪，少了要解決的難題。

好的價值觀（詳見第四章）是過程導向。諸如「真誠地表現自己」是「誠實」價值觀的衡量標準之一，是永遠沒有辦法百分之百實踐的目標，所以必須時時刻刻重新和它打交道。每一次對話、每一段新關係，都會給「真誠地表現自己」帶來新的挑戰與契機。所以這個價值觀是進行式，是一輩子的過程，永遠沒有畫下句點的時候。

若你認同「世俗的成就觀」而論斷成敗的依據是「有房有車」，然後花個二十年賣命工作，好晉升有屋有車族，一旦達成目標，就沒有其他東西可以驅策你了。這下中年危機可能找上你，因為驅策你整個成年人生的問題已然解決落幕，你再也沒有其他可鞭策自己成長與進步的機會。然而，成長才會讓人快樂，而非一長串約定俗成的世俗成就。

照此看來，取得大學學歷、買棟湖畔小屋、甩掉七公斤體重等傳統目標，帶給人生的幸福能量其實有限。也許能製造立竿見影的短效快樂，卻無法稱職地指引人生軌道的方向。

畢卡索終其一生創作力旺盛。儘管九十好幾，依舊創作不輟，直到過世前幾年。若他的人生觀是「出名」、「在藝術界狠狠賺一筆」、「完成一千幅畫作」，他可能就止步於某個點，不再前進。他可能飽受焦慮或自我懷疑之苦，無法再精進技巧，每隔十年就在風格上推陳出新。

畢卡索之所以成就非凡，背後原因，和他老了一個人在咖啡館開心地在餐巾紙上塗鴉如出一轍。他的人生觀簡單、低調、沒有止境，就是「真誠地表現自我」。這也正是那張餐巾紙洛陽紙貴的原因。

痛苦是過程的一部分

一九五〇年代，波蘭心理學家卡茲米爾茲・達伯洛斯基（Kazimierz Dabrowski）以二戰倖存者為研究對象，探討他們如何熬過戰爭的苦難與創痛。那可是波蘭，二戰最悲慘的國家之一。這些人親身經歷或目睹了種種苦難，飢荒、城市被炸彈夷為平地，納粹對猶太人大屠殺，戰犯遭刑求虐待，家人被強姦殺害。劊子手先是納粹，幾年後換成蘇聯軍。

達伯洛斯基的研究結果讓人既意外又稱奇。高比例的受訪者表示，他們在戰爭期間的遭遇儘管痛苦，至今餘悸猶存，卻讓他們變得更好、更有責任感，也更快樂。許多人形容戰前的自己彷彿另外一個人似的：不知感恩、看重親人，懶散、只關心芝麻蒜皮的小事，覺得得到的一切都是理所當然。戰後，他們覺得更有自信、知道要肯定自我、懂得感恩，不再為生活瑣事或不順心的小事抓狂。

顯而易見，他們的確有段悲慘的遭遇，也不樂意這些遭遇發生在自己身上。許多人仍走不出戰時造成的情緒傷痕，但是有些人成功轉化了這些傷痕，讓自己搖身變得積極、堅強。

他們並非唯一逆轉成功的人。對我們許多人而言，最偉大的成就是逆轉勝。痛苦往往使我們更堅強、有韌性、腳踏實地。許多抗癌成功的人士表示，戰勝了病魔後，感覺更堅強、更感恩。許多軍官將士表示，在戰區躲過槍林彈雨之後，在精神上更是百屈不撓。

達伯洛斯基認為，恐懼、焦慮、傷心不見得一無是處或是不受歡迎；這些心態其實是刺激心智成長的必要之痛。排斥這種痛，等於是否定自己成長的潛能。一如人的身體必須痛過，才能鍛鍊出強健的骨骼與肌肉；一個人的心理與情緒必須痛過，感情才更具韌性，才會油然而生自信及同理心，生活也更快樂。

人的觀點大幅改變，往往尾隨著人最倒楣、最不濟的時刻。唯有我們感到痛不欲生，才會願意審視自己的價值觀，質疑自己的價值觀怎會讓人失望。我們**需要**某種威脅存在感的危機，才能刺激我們客觀地審視人生觀，繼而考慮改弦易轍。

你可以管這現象叫「打入谷底」或「存在感危機」，我偏好稱之為「度過霉運風暴」。總之，挑一個你認為適合自己的說法。

也許你現在碰到類似的處境，正在和人生最大的低潮搏鬥，感到無所適從，因為你之前認定的真理、常規、良善，現在似乎都被翻轉了。

這是好現象，也是一個開端。我不得不強調，**痛是過程的一部分**。**感受**痛苦很重要。若你只想靠尋求飄飄然的快感來逃避痛苦，或是繼續縱逸於理所當得與不切實際的正向思維，繼續沉迷於各式各樣的毒品或刺激活動，你永遠不會有動機改變。

我年輕時，每次家裡買了新的錄放影機或音響，我都習慣把玩每個按鈕、每條電源線與配線，務必弄清楚每樣東西的功能。一回生二回熟，慢慢就熟悉了操作方法。

因為知道如何操作，這些電器往往只有我一個人在用。

一如其他千禧世代的小孩，我在父母眼中簡直是個天才。對他們而言，我無須參考手冊就能駕輕就熟地設定錄放影機，堪比交流電之父泰斯拉（Nikola Tesla）再次降臨人間。

我們大可嘲笑父母那個世代對科技敬而遠之的恐懼感，但是年紀愈大，我愈清楚每個人的生命裡都會有類似的莫名恐懼。一如我父母對錄放影機敬謝不敏，我們也會盯著某個新發明搖頭，求救地問：「**怎麼辦**？」其實，去做就對了。

網友寄來的電子郵件老是問我這類問題。這麼多年下來，我從不知道該怎麼回覆。有個女孩是移民第二代，父母省吃儉用為的是送她去念醫學院。她如願進了醫學院，但她並不喜歡習醫，也不想當醫師。她很想休學，但不敢行動，陷入兩難局面的她病急亂投醫，將信寄給網路上的陌生人（本人我），提出顯而易見的蠢問題：「我該如何從醫學院休學？」

還有一個大學生迷戀自己的老師。整顆心被對方的一顰一笑一語牽動，便洋洋灑灑寫了二十八頁堪比短篇小說的長信給我，最後以「我該如何開口約她？」作為結語。

還有一位單親母親，幾個小孩都成年、也畢業了，卻整天遊手好閒，吃她的、用她的，還不懂得尊重她的空間與隱私。她希望小孩奮發向上，過他們自己的人生，好讓她繼續過**自己**的人生。但是她不敢把小孩趕出門，害怕到甚至問我：「我該如何開口請他們搬出去？」

這些都是「錄放影機障礙」的翻版。就我一個外人看來，答案很簡單：乖乖閉嘴，立刻拿出行動。

但是從每個當事人的角度而言，這些問題極為複雜難解。有如一個關於存在感的謎語，外層包覆著神祕外衣，然後塞進裝滿魔術方塊的肯德雞炸雞桶裡，代表層層的難關與障礙。

錄放影機障礙之所以有趣，在於答案對當事人看似困難重重，對外人卻是再簡單不過。

問題的關鍵在於痛。填寫相關文件就可以向醫學院申請休學，作法直截了當、顯而易見；但是傷父母的心則否。想約老師出去，直接開口就行了；但是冒著尷尬、被拒等風險，則顯得複雜而難行。要家人搬出去，可以明快地決定；但是感覺自己彷彿棄孩子於不顧，又讓人猶豫不決。

少年與青壯年時期，我一直有社交焦慮症，只好靠打電玩分散注意力，晚上則靠喝酒或抽菸來掩飾焦慮。多年來，和陌生人交談（尤其當對方迷人／風趣／超人氣／聰明），對我難如登天。在社交場合，我習慣怔忡地四處走動，自問一些錄放影機障礙的蠢問題：

「怎麼做呢？該怎麼走過去找個人說話？怎麼有人**做**得了這種事？」

我腦袋充斥各種自以為是的想法，諸如：除非你有站得住腳的理由，否則你不該主動找人攀談；我若主動和那個女的打招呼，她搞不好以為我是登徒子，想對她伸出鹹豬手。

可見我的情緒左右了我的現實感。因為**覺得**大家不願意和我說話，進而**認定**大家不願意和我說話，於是出現錄放影機障礙，問了自己白癡般的問題：「該怎麼走過去找個人說話？」

因為我分辨不了「我**覺得**怎樣」與「**事實**是怎樣」，走不出自己眼中的世界，也看不清世界真實的本質：兩個人只要出現在同一個地點，就可以任選時間趨前找對方攀談。

許多人感覺到痛苦、生氣、傷心時，會放下一切，全心讓自己麻痹，遠離這些感覺。目的是盡快回到「好受」的狀態，甚至借助藥物、毒品，也會自欺或是重新擁抱糟糕的價值觀。

學習承受你選擇的痛。選擇新的價值觀，無可避免會經歷另一種痛，享受它、品味它、展開雙臂擁抱它。然後**忍痛**展開行動。

老實說：一開始的確痛不欲生。但是你可以從簡單的開始，這時你會覺得茫然無措，不知該怎麼辦。我們之前提過：每個人都是從**一無**所知開始的。即便你以為自己無所不知，實際上，你真的不知道自己他X的在幹什麼。所以，怕什麼，反正不會有任何損失。

人生是未知數，做了才知道。**所有**的人生都是如此，從未改變。就算你過得開心，放的屁都被說成是香的，中了樂透，大手筆買下水上摩托車車隊，就連這些春風得意的時刻，你還是不清楚自己該死地在做什麼。永遠別忘了這一點，也別因為這樣而感到害怕。

「行動吧」原則

二〇〇八年，幹了六週朝九晚五的工作後，我完全放棄找正職的念頭，決定在網路創業。當時我對自己在幹什麼毫無頭緒，但我心想就算會破產、會過得很悲慘，我還是想照自己的方式生活。當時我似乎只在意怎麼追女生，所以不管三七二十一，決定在網路開個部落格，就寫自己瘋狂而精彩的約會人生。

轉成自由業的第一天，早上醒來就被恐懼感包圍。坐在筆電前，我首次意識到，我得為自己**大大小小**的決定負起全責，並接受隨著決定而來的所有後果。我得自學網頁設計，搞懂網路行銷與搜尋引擎優化（好讓自己的網頁能在搜尋引擎上爭取最佳排名），釐清其他艱澀難懂的課題，現在這些全都落在我的肩膀上。因為不想面對，我和其他剛辭掉工作、不知自己在幹什麼的二十四歲年輕人一樣：從網上下載電玩，工作能拖就拖，把工作視為伊波拉病毒，敬而遠之。

幾週過去，銀行戶頭的餘額由正轉負，顯然我非得想個法子逼自己一天工作十二到十四個小時不可，否則事業將永遠停在只聞樓梯響的階段。這個轉念出自我始料未及的地方。

念中學時，數學老師派克伍德（Packwood）說過：「如果被一個問題困住，不要枯坐著思考解決辦法，直接拿出行動因應。儘管你不知道自己在做什麼，只要做做看，遲早會有合適的點子冒出來。」

轉戰自由業的初期，我每天過得戰戰兢兢，完全不知道該怎麼辦，提心弔膽，等著結果（或沒有結果）。這時，派克伍德的建言從我心裡某個角落冒出來，彷彿咒語般不斷在腦裡複誦：

不要枯坐在那裡。**行動**吧，答案隨之而來。

應用了派克伍德老師的建言後，我學到有關動機的寶貴一課。我可是花了八年時間，才瞭解他這句話的深意。期間，產品發表每每以搞砸收場，經營專欄回答讀者問題屢遭訕笑，還得委屈自己借睡在朋友家的沙發上，銀行戶頭入不敷出，寫了數十萬字卻多半沒人看。經過幾個月的痛苦煎熬，以下也許是我這輩子學到的最寶貴一課：

行動並非只是動機的結果，也是動機的成因。

我們多數人付諸行動，多半是有了某個程度的動機。之所以有動機，是因為內心受到足夠的感動與激勵。我們以為這些步驟是連鎖反應，如下圖所示：

內心受到感動與激勵→產生動機→採取適當行動

如果想要成就某事，卻感受不到激勵或動機，會以為自己完蛋了。以為自己一無是處，啥事也做不成。直到發生一件讓你感動一輩子的大事件，你才會生出足夠的動力，毅然離開沙發，開始行動。

有關動機這件事，並非只有三部分的線性連鎖反應，而是一個不斷循環的迴路：

受到激勵→動機→行動→受到激勵→動機→行動→以此類推……

行動會刺激更多的感動，繼而激勵你、啟發你。有了啟發，你就會有動機進一步行動。善用這層認知，我們可以重新調整自己的心態，如下圖所示：

行動→受到激勵→動機

若你缺乏動機改變你的人生，先**行動**再說（做任何事都好）。然後就會起心動念，請善用這樣的起心動念，變成激勵自我的動力。

我稱這為「行動吧」原則。我將這原則活用在打造自己的事業，也傳授給讀者，替他們解答錄放影機障礙之類的白癡問題：我該怎麼找工作？我該怎麼告訴這人，我想當他的女友？

轉成自由業後的頭兩年，往往一週下來成績乏善可陳，因為不知道該做什麼，搞得自己整天緊張兮兮，壓力大到不行，結果乾脆什麼都不做，能拖就拖。但是沒多久我就發現，只要強迫自己做些**什麼**，就算是最微不足道的瑣事，也能讓大工程變得容易些。例如，若我必須重新設計整個網頁，我會強迫自己坐在電腦前，告訴自己：「好，現在只要設計網頁的標頭。」但是做完了標頭，我發現自己欲罷不能，繼續完成其他部分。在我意識到之前，我已重新上緊發條，投入我的工作。

作家提摩西．費里斯（Timothy Ferriss）說過一個他聽來的故事，內容是關於一個寫了七十多本小說的作家。有人問這位小說家，怎麼樣才能筆耕不輟，保持動力與靈感。他答道：「每天勤寫兩百字的垃圾文（劣文），就這麼簡單。」若他逼自己每天寫出兩百字的爛文，筆耕這個動作多少可以激勵他、啟發他；在他明白這個道理之前，他已經寫了數千字了。

要是我們也厲行「行動吧」原則，失敗與否就**不是**那麼重要了。成功的標準不過是行動，我們可以義無反顧地往前衝刺，因為隨行動而來的**任何**結果都是重要的進展，受到的激勵是行動後得到的報酬，而非必要的前提。少了預設條件，我們不怕失敗，覺得失敗是一種激勵，驅策自己勇往直前。

「行動吧」原則，不僅幫助我們克服能拖就拖的毛病，也是我們擁抱新價值觀的過程之一。假使你現在身處存在感風暴之中，覺得一切都毫無意義：像是衡量自己的方式不盡理想，但不知道新的標準在哪裡；自知夢想華而不實，但繼續盲目追逐；或是你知道有更好的自評標準，只是不知道該從何著手。我的答案千篇一律：做了再說。

至於該做「什麼」，可以從最小又可行的事情著手，再循序漸進。總之，**任何事**都行。

認清自己所有的人際關係一塌糊塗，希望開始改變自己，讓自己對他人更有同理心，那就行動吧。從簡單的開始：把目標設定為傾聽別人的問題，撥出一些時間幫助那個人。只要行動一次。或是對自己承諾，下次難過傷心時，承認**自己**是問題的肇因。只要先試著這麼想，再觀察自己的感受。

行動，才能讓雪球滾動，並愈滾愈大。行動，會刺激你生出動機，讓你堅持下去。

你本身就能啟發並激勵自己。你本身就能提供自己動機。行動一定在你伸手可及的範圍內，並非遙不可及。只要**行動**，就符合了成功的定義；那麼即便行動失敗，也能激勵你前進。

第8章 拒絕的智慧

二〇〇九年，我收拾所有家當，要嘛變賣，要嘛寄放在儲藏室，離開下榻的公寓，出發前往拉丁美洲。這時，我在網路經營的約會達人部落格已略有人氣，靠著出售電子版文章與課程，小賺了一筆。我打算接下來幾年移居國外，接觸不同的文化。像是去亞洲與拉美幾個開發中國家長居，畢竟當地的生活費相對低廉，有助於我進一步打造事業。這是我的數位遊民夢。對二十五歲、喜歡冒險刺激的我而言，這正是我想要的生活方式。

我的計畫聽起來霸氣又讓人羨慕，但是驅策我踏上游牧生活的價值觀，並非個個言之成理。當然啦，有些價值觀值得肯定，諸如渴望看看外面的世界、好奇其他的民族與文化，這些都是出外冒險闖蕩的常見理由。只是在諸般事情底下，隱約藏著一種羞愧感。當時我並不清楚那是什麼，但要是我能百分之百誠實地面對自己，我知道有個搞砸的價值觀隱伏在表面之下。我看不到它，但是夜深人靜誠實面對自己時，我可以感覺到它。

二十多歲的我有自以為是的一面，而青少年時期「狗屁倒灶的創傷後遺症」，讓我有承諾恐懼症。由於青少年期間自信不足與社交焦慮，讓我在過去幾年矯枉過正，以為只要自己想要，就可以和任何一個人搭訕、做朋友，想愛誰就愛誰，也可以想睡誰就睡誰。既然如此，我幹嘛單戀或獨鍾某個人、某個社群、城市、國家或文化呢？若我**可以**雨露均霑，**何不**多多益善、來者不拒？

因為想和全世界連結的雄心與壯志，我飄洋過海，走過一個又一個國家。五年下來，我走訪了五十五個國家，交了好幾十個朋友，擁在臂彎的愛人換了一個又一個。有些露水姻緣，甚至短到搭上往下一個國家的飛機就斷了，一點記憶也不留。

那是奇怪的人生，充斥光怪陸離、打破藩籬的經驗，也不乏膚淺的刺激與飄飄然的快感；後者無非是為了麻痺我深層的痛。當時的日子似乎過得既深入又無意義，至今仍是如此。有些人生最寶貴的心得及角色定義關鍵時刻，出自那五年的旅行，但人生裡最大的揮霍（包括時間與精力）也是在周遊列國那期間。

而今我住在紐約，買了間房子，添購了家具，每月收到電費帳單，也結了婚。非常平凡，沒什麼高潮或特別吸睛之處。我喜歡這種日子，因為過了多年刺激生活，我從闖蕩世界得到的最大心得是：完全的自由，本身什麼都不是，不具任何意義。

自由的意義在於給人機會，成就更大的意義，但是自由本身不見得有意義。要成就人生的意義與分量，唯一的辦法是拒絕替代方案，**限縮**自由，對一個地方、一個想法或是（吞口水）一個人，從一而終。

這一層體認是這些年我在旅遊途中慢慢沉澱而來的。生活盡是吃喝玩樂，當你整天泡在裡面，才會瞭解這些並不會讓你開心。旅行也是如此，當我遊山玩水了五十三、五十四、五十五個國家，我開始明白，途中的經歷刺激又新鮮，但多半是過眼雲煙，鮮少留下深刻而長久的意義。反觀我在家鄉的朋友，紛紛步入婚姻、買了房子、花時間關心有趣的公司或政治訴求，我卻整天聲色犬馬，追求一個又一個刺激。

二〇一一年，我抵達俄羅斯的聖彼得堡。食物爛透了，天氣爛爆了（五月還下雪？真他Ｘ的開什麼玩笑！），下榻的公寓遜斃了。沒有一件事順心。每樣東西都貴得要命。當地人粗魯無禮，身上老是有怪味。沒有人面帶笑容，各個喝酒喝得好凶。我卻愛上這個國家，這趟俄國行是我最喜歡的行程之一。

俄國文化直來直往，這一點往往觸怒西方人。俄國人不會虛與委蛇，或是拐彎抹角。他們不會對陌生人笑，也不會不喜歡卻假裝喜歡。在俄國，若覺得什麼事很蠢，就明講很蠢。若覺得某人是混球，就明講他是混球。若你喜歡某人，和她在一起很開心，你就明白告訴她。不用管對方是朋友、陌生人，還是五分鐘前才在街上認識的人。

第一週，我非常不習慣。我在咖啡廳和一個俄國女孩約會，她坐下後不到三分鐘，便以滑稽的表情看著我，告訴我剛剛我講的話很白癡。聽罷，我幾乎被咖啡嗆到。她說這話的態度與語氣並無任何挑釁之意，比較像是在講述一件平凡無奇的事，諸如那天的天氣或是她穿幾號鞋，但我還是難掩詫異。畢竟在西方，說話這麼直接很容易惹人不快，何況才剛認識對方。在俄國，這種經驗不勝枚舉，碰到的每個人都這麼無禮相待，感覺我被西方薰陶的態度與想法受到四面八方攻擊，蟄伏好幾年沒發作的不安全感開始浮現。

但是幾週下來，我慢慢習慣俄國人直來直往的說話方式，一如我漸漸習慣半夜才看到落日，伏特加可以當冰水喝。我也開始欣賞俄國人這種不攙雜質的表達方式。文字如實地表達心裡想的。溝通不附帶任何條件，沒有不可告人的動機，沒有買賣的意圖，沒有亟於討好之意。

周遊列國幾年，聖彼得堡可能是最不像美國的地方。在這裡，我第一次淋漓盡致地感受到自由的滋味：可以暢所欲言自己的想法與感受，無須擔心遭到追究或反彈。沒想到接受拒絕也是一種自由，儘管這種自由頗為陌生與奇怪。我自小極度渴望這種直來直往的表達方式，卻老是不如願（一開始是因為生活在習慣壓抑感情的家庭，後來則是因為沒自信卻刻意要裝出自信的模樣），所以我陶醉於這種自由，彷彿這自由是我喝過最棒的伏特加。我在聖彼得堡的那一個月匆匆而過，接近尾聲時，實在捨不得離開。

旅行是開發自我的絕佳途徑，旅行可以讓你抽離習慣的文化與價值觀，見識到價值觀完全不同的另一個社會，發現人家一樣正常生活，卻不會自我嫌棄。接觸不同文化的價值觀與評量標準，會逼著你重新檢視原本生活裡看似理所當然的東西，逼著自己深思，也許自己既有的想法與觀念並非最好的生活之道。那趟俄國行，讓我重新檢討英美文化裡在溝通時常見的虛與委蛇以及扮假好人的現象。我反問自己，難道這不就是導致人與人之間無法建立互信、無法建立親密關係的原因嗎？

我記得有一次和俄語老師討論這個話題，他提出了一個有趣的理論。俄國人長年與共產主義為伍，經濟機會少之又少，掙脫不了恐懼的牢籠。因此俄國社會發現，最值錢的貨幣是「信任」。為了建立互信，人必須誠實。換言之，若事情真的令人煩心，必須坦白說出來，無須覺得抱歉。就算讓人不悅也會誠實以對，為的是求生這個簡單的道理，因為你必須知道誰可靠、誰會出賣你，而且必須立刻分得出好壞。

俄語老師繼續說，但是在「自由」的西方社會，不乏經濟機會，也因為機會太多，所以更看重的是求表現。儘管沒有實力，也要裝，而非赤裸裸展現真實的一面。「信任感」因而失去價值，外表與自我推銷反而更有利於占上風。相較於深交幾個好友，認識很多泛泛之交更方便拓展自己的前途。

這也是為什麼面帶微笑、說話客氣成了西方文化的常規，即使心裡不悅，也會說出善意的謊言，假裝同意對方的意見。於是大家習慣假裝和不喜歡的人做朋友，購買他們不喜歡的東西。經濟制度催生了這樣的虛假文化。

虛假的缺點是，你不知道能否百分之百信任對方（至少在西方社會），有時候，連好友與家人之間也會存在這種猜疑。在西方社會，因為大家急於討好對方，希望得到對方青睞，不惜重新調整自己的個性，投對方之所好。

學會拒絕，你的人生會更好

在正能量／消費文化薰陶下長大的我們已經被「洗腦」，深信自己應該多接納、多肯定。這是談論正向思考書籍的主旨與基調：打開心房、擁抱各種機會、學會接納、來者不拒……

但是我們**需要**懂得如何拒絕與取捨，否則就表示我們沒有原則、沒有堅持。若沒有東西比另一樣東西更好、更讓人心動，表示我們很空虛，生活缺乏意義與重心。也表示我們沒有看重的價值觀，以致人生缺乏目標與方向。

我們以為迴避拒絕（包括拒絕別人或被別人所拒）可以讓自己好過一些，但是迴避拒絕帶給我們的短暫愉快，長期來說卻會讓我們像個沒有舵的船，不知人生方向。

要真正喜歡或欣賞一樣東西，必須讓自己心無旁騖，只專注於一樣東西。唯有花數十年專心經營一段關係、鑽研某個工藝、深耕某個事業，才能把生活過得充實而又開心。若是來者不拒，不懂得拒絕其他選擇，不可能達到花數十年時間只做一件事的境界。

選擇自己想要的人生價值觀，必須忍心拒絕其他選項。若我選擇讓婚姻成為人生的首要之務，代表我（可能）將毒品雜交轟趴**排除**在人生的重要項目之外。若我把自己有無能力建立公開而包容的友誼圈作為評斷自我的依據，代表我會拒絕在朋友背後說三道四。這些都是積極而穩當的決定，但仍需時時懂得拒絕。

我要強調的是：我們每個人必須在乎**某件事**，才會**珍惜與看重**那件事。看重某件事，必須拒絕那件事**以外**的東西。換言之，看重X，必須拒絕X以外的東西。

若想堅持或維繫我們的價值觀，拒絕是必備條件，因此拒絕是代表我們身分的名片與標誌。我們是怎樣的人取決於我們拒絕了什麼。若我們來者不拒（也許是因為害怕被拒絕），我們基本上什麼也不是。

不計代價避免拒絕，迴避正面對抗與衝突，試圖公平對待一切，希望一切相輔相成、協調一致，這樣的心態反映深層又難捉摸的「理所當得」。因為自以為是，自以為理所當得，所以自我感覺良好也是**天經地義**，影響所及，他們習慣來者不拒，因為一旦說不，可能影響自己或他人的心情。由於他們不會拒絕，他們的生活缺乏價值，貪圖享樂，過於自戀。他們唯一在意的是如何讓飄飄然的感覺持久一些，所以會迴避人生中少不了的挫折，假裝痛苦不存在。

拒絕是人生重要又關鍵的技能。沒有人喜歡受困於坎坷的關係裡；沒有人喜歡被不喜歡或不信任的行業綁住；沒有人喜歡心口不一、言不由衷。

不過大家還是選擇這麼做，而且一直是如此。

誠實是人的天性，但是人這輩子要過得誠實、坦蕩，必須習慣說「不」或聽人說「不」。拒絕其實會讓關係更好，讓感情生活更健康。

界線

很久很久以前有一對年輕男女，他們的家族彼此仇視。一天，這名男子偷偷溜進女方家族舉辦的派對（大概有點精蟲衝腦吧）。女子看到他，猶如聽到天使甜美的歌聲，害得小鹿亂撞一通，對男子一見鍾情，兩人就這麼墜入愛河。**隔天**，他偷偷潛入她家的後花園，兩人決定私訂終身；這也是基於現實做出的決定，畢竟雙方父母可是恨不得將對方碎屍萬段。中間略而不提，快轉到幾天後。雙方家長發現兩人的私情與婚姻，暴跳如雷。獲悉丈夫好友邱西奧（Mercutio）在決鬥中被刺死，女孩難過之至，喝下一劑藥水，假死兩天。可惜，她和新婚夫婿溝通時落東落西，完全忘了把這回事告訴丈夫。丈夫誤以為昏迷假死的妻子自殺而亡，徹底瘋了，決定自殺和妻子共赴黃泉。妻子昏迷了兩天甦醒後，發現丈夫竟已自殺身亡，傷心逾恆的**她**如法炮製，了結自己的生命。故事完。

當代文化裡，《羅密歐與朱麗葉》等於是「羅曼史」的代名詞，兩人的愛情故事是英語文化的經典，也是大家冀求的理想感情。但是真正分析瞭解故事裡的細節後，發現裡面的主人翁根本是腦殘，最後兩人終結自己的生命更印證了這點。

許多學者認為，莎士比亞寫《羅密歐與朱麗葉》並非在歌頌愛情，而是諷刺與挖苦愛情，證明愛情有多瘋癲、多不正常。莎翁無意藉這齣悲劇見證愛情的偉大，反而警告大家對愛情敬而遠之：彷彿巨大的霓虹燈招牌閃著「危險勿入」字樣，四周還拉起封鎖線，禁止大家擅闖。

揆諸人類歷史，愛情並不像今日這麼被熱烈追捧與歌頌。其實直到十九世紀中葉前，愛情被視為多此一舉，甚至可能有害心理，阻礙人生更重要的正事，像是讓人無法專心農稼，排斥嫁給養了很多羊的「金龜婿」。年輕人往往逼自己壓抑浪漫與激情，務實地和有經濟基礎的人結婚，以求婚後自己和家人過著安穩的生活。

今天，看到或聽到不顧一切的熱戀，大家的腦袋彷彿小弟弟立刻「硬起來」。這種愛情主宰了我們的藝術與文化，愈是驚天動地愈好。可能是班・艾佛列克（Ben

Affleck）為了他心愛的女孩，摧毀即將衝撞地球的小行星，拯救了全世界（電影《世界末日》）。或是梅爾．吉勃遜以寡擊眾大敗英格蘭軍，最後被捕，一邊受酷刑，一邊回憶遭姦殺的妻子（電影《英雄本色》）。或是精靈公主放棄長生不老，決定和亞拉岡在一起（電影《魔戒》）。或是棒球迷吉米．法隆（Jimmy Fallon）為了女友茱兒．芭莉摩（Drew Barrymore），放棄紅襪隊季後賽門票（電影《愛情全壘打》）。

若說這類浪漫愛情是古柯鹼，那麼我們會多到吸不完：猶如電影《疤面煞星》（*Scarface*）的主角東尼．莫塔納（Tony Montana），他將整張臉埋在如山高的古柯鹼裡，興奮地大喊：「嗨，我的騷（lee-tle）朋友！」

其實，我們發現愈來愈多愛情彷彿古柯鹼，而且相似度驚人。例如，愛情與古柯鹼刺激的大腦區域一模一樣。此外，愛情與古柯鹼都會讓人暫時飄飄欲仙，解決了眼前的問題，卻也衍生更多問題。

我們追求的愛情，浪漫成分不外乎談情說愛時，高調感性、充滿戲劇性，還有高低起伏、花樣百出，讓人眼花撩亂。不過這並非健康的真情流露，反而往往是另外一種理所當得的心態在作怪。

我知道這麼說實在不討喜，感覺自己是老愛潑人冷水的掃興人。言歸正傳，什麼樣的人會這麼看不起浪漫的愛？請聽我把話說完。

實情是，世上有健康的愛，也有不健康的愛。在不健康的愛情關係裡，兩人透過談情說愛試著逃避各自的問題，換言之，他們利用對方逃避現實。健康的愛，是兩個人承認並勇於解決自身的問題，過程中彼此扶持，互為後盾。

健康與不健康的關係差別在於兩件事：一、雙方各自的責任感有多強；二、雙方願意拒絕對方或被對方拒絕的程度。

不論走到哪裡，一定有不健康或有毒的愛情關係，在這關係裡，雙方的責任感不足，甚至千瘡百孔，也沒有能力拒絕對方或接受對方的拒絕。反觀在健康與互愛的關係裡，雙方有清楚的界線，也各有自己的價值觀，必要時拒絕／被拒絕的管道暢通。

所謂「界線」的意思是，在關係中，雙方對各自問題的責任感有清楚的輪廓與邊界。在健康的關係裡，責任感的界線清楚，雙方各自會為自己的價值觀與問題全權負責，不會越界承擔另一半的價值觀與問題。在有毒的關係裡，責任感界線模糊，甚至沒有界線，習慣迴避責任，將自己的問題丟給別人，或是習慣把另一半的問題攬在自己身上。

模糊或不當的界線是什麼模樣呢？以下是幾個實例：

「你不能把我留在家裡，自己出去和朋友聚會。你知道我嫉妒心有多重，你得待在家裡陪我。」

「我同事都是一群蠢蛋，害我開會老是遲到，因為我得教他們怎麼做事。」

「天啊，你竟然讓我在妹妹面前跟個白癡一樣。下次她在時，絕對不准再和我唱反調！」

「我想接下在密爾瓦基（Milwaukee）的工作，但是母親絕對不會原諒我搬到那麼遠的地方。」

「我可以和你約會，但是你不能告訴我朋友辛蒂。要是我有男友，而她還是一個人，她會沒有安全感。」

上述每一個例子，當事人不是越界把別人的問題／情緒攬在自己身上，就是要求別人承擔他們自己的問題／情緒。

整體而言，自以為是（自命當得）的人在關係裡往往陷入兩種陷阱。一是期待他人負責為**他們**收拾與解決問題。**「我希望這個週末待在家裡輕鬆一下。你應該早知道我的打算，並取消你的行程。」**二是他們把別人的問題全攬在自己身上。**「她又失業**

了，這可能是我的錯，因為我沒有盡全力支持她。我明天要幫她重寫履歷。」

自以為是的人在愛情關係裡，習慣採用這些模式，藉此逃避自己的問題與該負的責任。因此他們的愛情關係脆弱又虛偽，問題出在他們迴避內在深層的痛，無法誠心欣賞與讚揚另一半。

這不僅適用於浪漫的愛情關係，也適用於家庭關係與朋友關係。過度呵護子女的母親可能介入小孩生活的各個層面。她的自以為是讓小孩也變得自以為是，長大後覺得其他人理應幫他們善後。

（這也是為什麼當你的愛情關係出了問題，會發現和自己父母間的問題有詭異的相似度。）

當責任感的界線模糊，諸如弄不清楚誰該負責、為了什麼樣的問題負責、出錯的是誰、出了什麼錯、為什麼你會這麼做、為什麼你會有這樣的情緒反應，這下你永遠無法為自己建立堅定的價值觀。你唯一的價值觀只是讓另一半開心，或是另一半得讓你開心。

當然這是自欺欺人。關係若存在這樣的模糊界線，走到最後通常會像「興登堡號飛船」（Hindenburg）一樣燃燒爆炸，化為煙灰。

別人無法為你解決問題，他們也不該這麼做，畢竟這麼做不會令你開心。同理，你也無法解決他人的問題，因為這麼做，對方並不會開心。不健康的關係裡，雙方都試著解決對方的問題，以便讓自我感覺良好。然而，健康的關係是雙方各自解決自己的問題，以求彼此感覺良好。

釐清責任感的界線，不代表不能協助、支持另一半，也不代表不能接受對方的協助與支持。雙方應該互相支持打氣，但前提必須是你考量之後，**決定**支持對方或接受對方的協助，而非你覺得那是你的義務或權利。

自以為是的人，若情緒或行為失常，習慣指責他人，是因為他們相信，只要把自己塑造成受害人，早晚會有人出面幫他們一把，並如願得到他們渴望的愛。自以為是的人，為他人的情緒與行為自責不已，因為他們相信，若他們能「修復」另一半的問題，拯救他們脫離苦難，就會得到他們一直想要的愛與肯定。

這是有毒關係的陰陽面，受害者與拯救者的關係：一個點火，認為這樣做可增加她的分量；一個負責滅火，認為這樣做可增加他的分量。

這兩類人深受彼此吸引，最後也多半成為一對。他們的毛病剛好完全互補，搭配得天衣無縫。而他們的父母往往也處於這種關係，所以他們理想的「幸福」範本建立在自以為是以及模糊的責任感界線之上。

不幸的是，在這樣的關係裡，雙方都無法符合對方的實際需求。其實雙方關係裡，一個一味卸責，一個一味扛責，這會讓自以為是、糟糕的自我價值不斷惡性循環下去，反而無法徹底滿足彼此的感情需求。受害者製造問題讓對方解決，這些層出不窮的問題多半不值一提，不過是受害者想藉此得到她希冀的關愛。拯救者解決了一個又一個問題，並非她在意問題的本質，而是她認為，解決對方的問題可以得到她想要的關愛與肯定。兩個例子都顯示，雙方的出發點都不脫自私，也附帶了條件，因此會自扯後腿。這種人鮮少得到真愛。

受害者若真的愛拯救者，他會說：「聽我說，這是我自己的問題，無須你出面替我解決。你只要支持我，替我打氣就行了。」這**才是**真愛的表現：為自己的問題負責，而非要另一半負責。

若拯救者真的想拯救受害者，他會說：「聽我說，你不該指責別人；這問題你要自己處理。」從旁協助，讓他們自己解決問題，這**才是**真愛。

但是受害者與拯救者彼此利用，以便讓自己時時保持亢奮狀態，這就像對什麼上了癮，唯有對方可以滿足。說來諷刺，約會對象要是心理機能健康，往往讓人覺得無趣或缺乏「魅力」。心理機能健康、讓人放心的人，往往不受青睞，因為他們有清楚而明確的責任感界線，所以不夠「刺激誘人」，無法激起火花，讓自以為是的人時時處於亢奮狀態。

對受害者而言，最困難的莫過於為自己的問題負責。他們堅信自己的命運由別人負責，要他們踏出為自己負責的第一步，他們會嚇破膽。

對拯救者而言，最困難的事莫過於停止為別人的問題扛責。他們堅信唯有拯救別人，自己才會受到重視、得到愛。所以放手不管同樣會令他們嚇破膽。

為了自己心儀與在乎的人犧牲自己不是不行，但得是你自願，而非出於義務或害怕伴隨拒絕而來的後果。若另一半想為你犧牲，必須是出於誠心誠意、心甘情願，而非因為你要手段，故意生氣或利用罪惡感逼對方犧牲。愛的表現唯有無條件、無預期，才是名副其實的愛。

做事時，人不易分辨是出於義務還是出於自願。所以這裡提供一個小小的測試：自問：「若我拒絕，兩人關係會有何變化？」此外，自問：「若另一半拒絕我的要求，兩人關係會有何變化？」

若拒絕會出現戲劇性爆走或杯盤齊飛的場面，這可不是好徵兆。顯示你們關係是有條件的，看重的是對方能提供的表面利益與好處，而非無條件地接納與包容（連同對方的缺點也一併接受）。

人有了清楚的責任感界線，不會害怕大發脾氣、吵架、受傷。界線不清不楚，就會害怕上述這些事，也會不斷調整自己的行為，適應有如雲霄飛車般跌宕起伏的關係。

責任感界線清楚的人，不會不切實際地期待兩人可以百分之百互補，滿足對方的一切需求。他們瞭解，自己有時可能會傷到對方的感情，但他們無法決定或左右對方的喜怒哀樂。他們瞭解健康的關係不是控制另外一人的情緒，而是彼此互相扶持，放手讓對方成長，解決自己的問題。

他們不會斤斤計較另一半做了什麼，而是不管另一半做了什麼，都無損他們對另一半的關心與愛護。各位，這才是無條件的愛。

如何建立互信

我老婆花很多時間照鏡子。她喜歡漂漂亮亮出門，而我也喜歡帶著美女出門（沒錯，男人是視覺動物）。

晚上我們若要出門，她會在浴室待上一個小時化妝／整理頭髮／換穿衣服，反正一堆女人家的事，然後問我「好看嗎」。她的打扮多半非常得體漂亮，但偶爾也會凸槌。可能是換了新髮型感覺怪怪的，可能是穿了米蘭一位搞怪時裝設計師推出的前衛時尚靴子。總之，看起來就是和她不搭。

當我誠實地告訴她我的看法時，往往惹得她冒火跳腳。她會返回浴室或衣櫃間重新梳妝打扮，導致我們遲到三十分鐘，同時口出三字經，有幾句還直接衝著我來。

碰到這種情況，男的多半會說謊，好讓女友／老婆開心，但是我不會。為什麼呢？因為我認為，誠實在我們夫妻關係裡比讓對方開心還重要。所以我對心愛的女人說話時，絕對不會先想好哪些可說、哪些不能說。

所幸，我娶了和我想法一致的女子為妻，她願意聽我沒有事先把關過濾的真心話。若我說了或做了什麼蠢事，她也會直言不諱點醒我。這是她作為我另一半送給我最寶貴的禮物之一。當然啦，她的話有時的確會讓我的自尊心受傷，我會口出惡言、抱怨或是反駁，但是過了幾小時，我悶悶不樂地回頭向她示好，坦承她是對的。我靠，她真的讓我變成更好的人，即使她的話乍聽實在刺耳。

若我們排在第一位的要務，是讓自己或另一半隨時保持樂呵呵的狀態，那麼最後的結果是沒有一個人開心，雙方也會在不明就裡的情況下走向分手一途。

沒有衝突，就沒有互信。衝突的目的是讓我們知道，誰無條件在背後支持我們，誰是為了好處與利益而和我們在一起。只會滿口「好好好」、來者不拒的人，不值得信賴。若「掃興貓熊」在這裡，他會告訴你，關係裡要有痛、有衝突，才能鞏固彼此的信任感，讓彼此關係更親、更緊密。

關係要健康，雙方都必須有意願、有能力拒絕或被拒絕。沒有這樣一來一往的拒絕，界線會模糊，一方的問題與價值會主宰另一方。衝突不僅正常，也是維持健康關係時**絕不可少**的元素。若關係親密的雙方無法暢所欲言說出彼此的差異，這關係等於建立在操控與言不由衷之上，久了會漸漸變成有毒關係。

信任是各種關係中最重要的元素。原因很簡單，少了信任，彼此的關係不具任何**實質意義**。某人可能跟你說她愛你，希望和你在一起，為了你她願意放棄一切。但你若不信任她，對方所說的一切對你毫無意義，你也無法從中得到任何好處與利益。唯有當愛的表達不附帶任何特殊條件與包袱，才能得到你的信任，你才會感到被愛。

這也是為什麼出軌或劈腿這麼具殺傷力。並非因為偷吃和人發生性關係導致兩人分手，而是因為偷腥導致彼此互信蕩然無存。少了信任，關係無法繼續，要嘛重新建立互信，要嘛只有分手一途。

我常常收到讀者來信，說自己被另一半劈腿，但是不想和對方分手，又不知道能否再相信對方。他們說，少了信任，關係變成了生活的包袱與威脅，必須時時刻刻監視、懷疑，而非樂在其中。

多數人被抓到劈腿，會向對方道歉，並發誓「絕不再犯」，彷彿自己的下半身出軌全是意外與不小心。許多遭劈腿的人接受對方表面的說詞，不會深究或質疑另一半的價值觀與「愛操的事」（這是我刻意用的雙關語）；他們不會反問那些價值觀與「愛操的事」是否讓另一半成為可以廝守的好對象。他們太想維繫彼此的關係，於是忽略關係已然變質，成了吞噬他們自尊的黑洞。

人劈腿或偷吃，是因為他們發現了比感情更重要的東西。也許是高高在上的權力，也許是想用性證明自己，也許是屈從於自己的衝動。不管理由為何，劈腿者的價值觀已不符合維持健康關係的條件。若劈腿者不承認或接受這個事實，只會用老套的說詞，諸如「我不知道我在想什麼」、「我壓力大喝醉了，而她剛好在身邊」，表示這個人缺乏解決人際關係問題所需的自覺力。

劈腿者必須剝開包覆自我覺察的層層外皮，找出是哪些價值觀導致他們破壞了關係中的信任感（或者認清自己是否仍然在乎這段關係）。他們必須說得出：「你知道的：我為人自私，相較於這個關係，我更在乎自己。老實說，我一點也不看重這個關係。」若劈腿者無法誠實講出他們糟透的價值觀，坦言有些價值觀已被其他更重要的事情取代，那就沒有理由繼續相信他們。若他們不值得信任，關係不可能改善或改變。

重新建立互信的另一個辦法比較務實：以行動為憑。若有人打破你對他的信任，口頭保證固然好，但是行動更為可靠。你必須看到對方確實改邪歸正，並持之以恆，這時你才會開始相信對方的價值符合關係的要求，而且對方真的會改變。

無奈建立可被追蹤的表現紀錄需要時間，畢竟打破信任只要一下子，重新建立互信卻要費時良久。在建立信任感期間，可能會碰到棘手而難堪的情況，所以雙方必須清楚，他們可以忍受什麼樣的曲折與打擊。

我以戀人關係裡的出軌、劈腿為例，但這過程也適用於其他破裂的關係。一旦信任感被破壞，唯有做到以下兩件事，才可能重獲對方信任。一、破壞信任關係的一方，承認是自己的價值觀導致關係出現裂痕，勇敢認錯。二、破壞信任關係的一方，以行動證明自己改邪歸正，並持之以恆，建立可被追蹤的表現紀錄。少了第一步，想要重修舊好是不可能的。

信任感脆弱得猶如瓷盤。打破一次，透過巧手，仍有可能恢復。但若再破一次，可能碎成更多片，得花上更多時間才能修復。再摔個幾次，就可能回天乏術。畢竟碎裂得太厲害，也沾了太多塵土。

堅持到底，以求自由

消費文化非常擅長讓我們消費者買了再買，要了再要。剝開高調炒作與行銷手法，發現背後總是鼓吹愈多愈好的概念。我被這種想法洗腦了多年，所以拚命賺錢，走訪不同的國家，不斷累積歷練，女友交了一個又一個。

但是愈多不見得愈好。其實，相反才是真理：我們擁有的愈少，過得愈開心。若眼前不乏機會與選項，我們會出現心理學家所謂「選擇的弔詭」（多到難以選擇）。基本上，選擇愈多，我們對最後敲定的選擇愈不滿意，因為我們會對其他未雀屏中選的選項念念不忘。

如果現在有兩個地方讓你選，你可能信心十足，自己做了正確的選擇，滿意自己的決定。

但若現在有多達二十八個地方讓你選，選擇的弔詭顯示，你可能花上幾年的時間怨嘆、煩惱、質疑自己是不是錯了，自己是不是做了「正確」的選擇，是不是真的得到最大的幸福快樂。因為有疑慮，於是便顯得焦慮不安，再加上要求十全十美、追求成就感，所以過得並不開心。

這下子我們該怎麼辦？要是你和以前的我一樣，你會迴避，不做任何選擇。你會盡可能拖到最後一刻才做決定，不敢給承諾。

全心全意忠於一個人、一個地方、一份工作、一樣活動，可能剝奪我們經驗的廣度，反之追求經驗的廣度，可能剝奪我們深化經驗的機會。有些東西必須在同一個地點生活了五年**才可能**體會，和同一個人生活了十多年**才可能**有默契，和一項技能與工藝打交道了半輩子**才可能**精進。我現在三十多歲，終於認清，全心全意投入一件事，機會與經驗才會不斷上門；這些原本是我之前不論到什麼地方或做了什麼事，都無緣獲得的。

只顧追求經驗的廣度，每增加一次冒險闖蕩、每多認識一個人、每新學一樣東西，收穫與感動就減分一次。若你從未出國，第一次出訪的國家會讓你大開眼界，因為可參考的經驗少之又少。但是當你走過二十個國家，到了第二十一個國家，可能就沒什麼新鮮感了。當你走過五十個國家，到了第五十一個國家可能更無感。

同理也適用於追求家當、鈔票、嗜好、工作、朋友、愛人／性伴侶，這些都是可以自選的低俗膚淺價值觀。年紀愈長，經驗愈多，每新增一次經驗，它對你的重要性與影響就失色一分。我第一次在派對上飲酒，覺得非常新鮮刺激。第一百次時，仍覺得開心。第五百次，覺得跟平常週末沒兩樣。到了第一千次，覺得無聊又普通。

過去幾年，我個人最大的改變是學會專注與承諾。我去蕪存菁，只保留人生裡重要的親友、經驗與價值觀，其他一律放棄。我結束所有事業，決定全職專注於寫作，自此網頁人氣爆增，讓我始料未及。我不再約炮、亂來、搞一夜情，只單戀一個女子，結果收穫更豐。我只鍾情於一個地點，也加倍專注經營對我很重要、推心置腹、關係健康的好友群。

我發現一個完全違反直覺的結果：全心全意投入反而讓人自由、解放。去蕪存菁、拒絕其他選項、拒絕分心、專注於自己所選以及對自己真正重要的事物，結果機會不減**反增**，利反而多於弊。

全心全意投入反而讓你自由，因為你不再被其他不重要的瑣事搞得三心二意。全心全意讓你自由，因為你的注意力與專注力得以聚焦在讓你健康又開心的事物。全心全意讓決策更快、更容易，不用擔心掛一漏萬，因為既已知道現有的夠好了，何須對自己施壓、追求更多呢？全心全意讓你隨時保持專注，聚焦在幾個極重要的目標，成功率自然跟著提高。

由此看來，拒絕反而給予我們自由。凡是與人生重要價值觀相左、不符我們所選的評量標準，還有一味地追求廣度而捨棄深度（亦即重量不重質），都該被列為拒絕對象。

的確，年輕時，累積經驗的廣度有其必要，也較受到年輕人青睞，畢竟人應該趁年輕時多走多看，從中找出值得投資的對象。但是深掘才挖得到寶藏，全心全意專注於某樣東西，繼而深入鑽研才是正道。這道理適用於人際關係、職涯，以及生活的各個層面。

第9章 人終將一死

「你要為自己尋找真理，我會在那裡等你。」

這是喬許對我說的最後一句話。他說這話時，語帶諷刺，既想讓人覺得有深度，又有意嘲弄那些故意裝得有深度的假文青。他當時喝得醉醺醺，神智有些渙散。他是我的好友。

十九歲是我人生的重大轉折點。當時，好友喬許邀我參加在德州達拉斯北邊附近一個湖邊派對。派對在一棟公寓大樓裡舉辦，而該大樓蓋在山上，山下有座泳池，泳池下方是可俯瞰湖水的懸崖。懸崖雖不高，約九公尺，但足以讓人在跳下去前三思。只不過在酒精催化與同儕的鼓譟下，衝動很容易取代三思。

到了派對現場，喬許和我跳入泳池，喝著啤酒，聊著一般年輕躁動男人愛聊的話題。我們聊到酒精、樂團、泡妞，以及喬許那年暑假從音樂學院休學後經歷的一切。

工）。父親問我：「為什麼？出了什麼事？你沒事吧？」就在那時，我的情緒整個崩潰：眼淚、嗚咽、痛哭、鼻涕，一發不可收拾。我將車停在路邊，緊掐著手機，像個小孩對著父親號啕大哭。

那年暑假，我得了重度憂鬱症。我想之前我就有憂鬱症，只不過現在病症到了覺得一切毫無意義的程度。因為過於悲傷，導致生理也出問題。親朋好友來看我，替我加油打氣。我坐著聽他們說得體的話，做得體的事；我感謝他們好心來看我，然後刻意露出笑容，謊稱我的病情已有起色，但是實際上，我毫無感覺。

事發後，一連幾個月我都夢到喬許。夢中，他和我天南地北談論生死，也隨便聊一些沒意義的東西。在那之前，我一直是典型的中產階級小孩：抽大麻、懶散、不負責任、有社交障礙、強烈缺乏安全感。喬許在很多方面都是我崇拜、學習的對象。他年紀比我大，比我有自信，經驗也比我多，個性包容，樂於接納周遭的一切。有次我夢到喬許，我和他一起坐在按摩泳池裡（沒錯，很奇怪）。我對他說：「我真的很難過你死了。」他大笑。我無法一字不漏記得他說的話，但大意是：「你幹嘛在意我死了？反正你那麼害怕活著。」我醒來後痛哭不已。

當時我坐在母親專用的沙發上，盯著不見底的深淵，直視看不到盡頭、無以名狀的虛無，想著那兒曾有喬許這個好友。就在這時我突然清醒，意識到若找不出任何理由不採取行動，那我也沒有任何理由**不去**行動。既然人免不了一死，就沒有理由屈服於恐懼、難堪、不光彩，反正這些到最後也會隨著死亡而消失。因此我在短暫的人生裡，花了這麼多時間逃避痛苦與不安，不過是不想繼續活著吧。

那年夏天，我戒掉了大麻、香菸、電玩。我放棄可笑的搖滾明星夢，從音樂學院退學，到大學註冊上課。我開始上健身房，甩掉好幾磅肉。我認識一些新朋友，也交了第一個女友。生平首次認真上課學習，結果意外發現，只要用功，自己竟然也可以拿到好成績。次年夏天，我給自己下了戰帖：在五十天內讀完五十本非文學書籍。結果我辦到了。次年，我轉學到東岸的一流大學，首次擠入人生勝利組，不論是學業或社交都交出亮麗成績。

喬許過世是我人生最重要的分水嶺。喬許溺斃前，我放不開也沒有抱負，老是在意外人的眼光，過得綁手綁腳。喬許過世之後，我洗心革面換了一個人：有責任感、充滿好奇心、認真勤奮。我至今仍有丟不開的包袱與不安全感（只要是人都有），但是我把心思擺在更重要的事情上，不安全感與包袱則擺在一邊，就此展開截然不同的人生。說來也奇怪，某人的死竟然幫助我活下去。我人生最低潮的時刻，也是有所轉折的關鍵時刻。

誰不怕死？由於怕死，我們不思死亡、避談死亡、拒絕認識死亡。甚至周遭親友過世，我們也極力和死亡保持距離。

然而若以逆向思考，死亡猶如一道光，可以照亮生命的意義這條幽暗甬道。沒有死亡，一切顯得沒有重量、沒有意義，一切經驗都是武斷而主觀的，所有價值觀與評斷標準一夕之間化為零。

凌駕在自我之上

恩斯特·貝克爾（Ernest Becker）是學術界的異類。一九六〇年，他取得人類學博士學位，博士論文比較了佛教禪宗與精神分析這兩個看似不搭軋的領域。當時，禪宗受嬉皮與毒蟲簇擁，佛洛伊德的精神分析則是心理學領域的「旁門左道」。

貝克爾的第一份工作是在大學擔任助理教授，他批評精神治療是一種變相的法西斯主義，不僅沒有科學根據，也是對弱勢族群與無助者的壓迫。

偏偏貝克爾的上司就是精神科醫師。貝克爾這個初生之犢，就這麼高調地將上司比喻為希特勒。

誠如大家所料，他被炒魷魚了。

於是貝克爾帶著他的激進想法另謀出路，後來受聘於加州大學柏克萊分校，但這份工作也維持不久。

貝克爾反主流、反當權派的作風讓他備受刁難，也因為他獨特的教學方式飽受抨擊。他會用莎士比亞作品教授心理學，用心理學教科書教授人類學，用人類學數據教授社會學。他上課會打扮成李爾王的模樣，或是拿著劍和人決鬥，也會長篇大論批評和教學無關的時政。他的學生崇拜他，其他教員討厭他。不到一年他又被解聘了。

後來，他落腳在舊金山州立大學，工作了一年多。但因為學生爆發示威潮抗議越戰，校方請國民兵進入校園鎮壓，事情愈演愈烈。貝克爾站在學生這一邊，公開譴責院長的作為（沒錯，又將上司貼上希特勒的標籤），過沒多久，他再次捲鋪蓋走人。

貝克爾六年內換了四次工作，第五次被解雇之前，他得了大腸癌，預後情況不太樂觀。接下來幾年，他都臥病在床，復元的機會渺茫。貝克爾決定撰寫一本探討死亡的書籍。

貝克爾一九七四年過世，他的書籍《拒絕死亡》（*The Denial of Death*）得到普立茲獎的肯定，成為二十世紀最有影響力的哲理書之一，撼動了心理學與人類學，同時提出鞭辟入裡的哲學觀，至今讀來仍擲地有聲。

該書基本上提出兩個論點：

一、人類之所以獨特，在於我們是動物界唯一具備抽象思考與概念化能力的生物。狗不會枯坐著、擔心牠們的職涯。貓不會反省過去的錯誤，或是推敲換個作法會有什麼不同的結果。猴子不會為了未來的走向與可能性爭得面紅耳赤。魚也不會想東想西，心想若是自己的鰭長一點，其他的魚會不會更喜歡牠。

身為人類，我們有幸有能力想像自己在一個假設性的情況裡，有能力思索過去與未來，有能力想像不同於現況的其他現實或處境。貝克爾說，由於這種獨一無二的心智能力，我們每個人早晚會意識到自己免不了一死。由於我們有能力把各種不同版本的現實概念化，也是唯一有能力想像少了自己的世界是什麼模樣的動物。

有了這樣的認知與覺醒，便衍生出貝克爾所謂的「死亡恐懼」（death terror），這是一種來無影去無蹤的存在性恐懼，深藏在我們所思所做的**每一件事**背後。

二、貝克爾的第二個論點有個前提：我們本質上有兩個「自我」。第一個自我是生理自我（physical self），這個我會吃、喝、拉、睡。第二個是概念性自我（conceptual self），是每個人對自己的看法，亦即我們對自己的認同（identity）。

根據貝克爾的論點，我們遲早會認清生理自我終究會壽終正寢，認清死亡不可避免，也因為不可避免，我們恐懼得要命。身體終究會物化消失，為了平衡這個恐懼感，我們努力打造、建構永生不死的概念性自我。這也是何以人類會這麼拚命想將名字留在建築物、雕刻或書背上。或是不得不花很多時間照顧其他人（尤其是小孩），無非是希望身故後繼續發揮影響力（概念性自我）。即使身故多年，我們依舊會被緬懷、敬重、當成偶像崇拜。

貝克爾稱這樣的努力為「不朽計畫」（immortality projects），讓概念性自我在身故後依舊流芳萬世。他說，所有的人類文明基本上都是不朽計畫：至今依舊存在的城市、政府、硬體建設、權貴，都是我們祖先留下的不朽計畫，是他們留下的概念性自我。耶穌、穆罕默德、拿破崙、莎士比亞等人，至今的影響力不輸他們在世時，甚至有過之而無不及。這就是不朽計畫的精神：不管是精通藝術、征服新天地、累積巨富，或只是有個可延續好幾代的龐大家族，都是不朽計畫的一部分。**人有個與生俱來不想死的欲望，因此人生一切的意義都受到這個欲望的左右與影響。**

宗教、政治、運動、藝術、科技創新，都是不朽計畫的結果。貝克爾主張，當某一個族群的不朽計畫與另一個族群有所衝突時，戰爭、革命、大屠殺就會出現。長達幾百年的無情鎮壓，或是血腥殺害多達數百萬人之舉，已經被合理化為捍衛族群不朽計畫的手段。

但若不朽計畫失敗，或是喪失其意義，亦即概念性自我活過生理性自我的可能性不再，死亡恐懼（人類最害怕又最深層的焦慮）會重新鑽進我們的腦袋。創傷、出糗、遭人群訕笑，也都會重燃死亡的恐懼。貝克爾還指出，精神疾病亦然。

簡言之，我們的不朽計畫就是我們的價值觀，是衡量人生意義與價值的指標。若我們的價值觀禁不起考驗失敗了，就心理層面而言，我們本身也成了敗筆。貝克爾的論點主張，我們每個人莫不受到恐懼的驅策而過度在意一些事，因為在意與操煩某些事，足以轉移我們對現實與死亡的注意力。若想徹底放下，啥也不管，必須進化到準靈性狀態（quasi-spiritual state），接受人生無常的道理。在這樣的狀態下，人比較不會受困於形形色色的自以為是。

貝克爾在病床上終於悟出一個道理：不朽計畫其實是製造問題，而非解決問題。人不該試著在全世界力推或建立概念化的自我（往往不惜透過致命性武力以遂此願），反而應該質疑概念化自我是否有問題，並安於人終將一死的這個事實。貝克爾稱這是「吞苦藥」（bitter antidote），他自己也在看著生命終將走上盡頭之際，試著和死亡和解。死亡讓人害怕，卻是必然。因此，我們不該迴避這樣的事實與覺知，應該盡己所能地接受它。一旦能泰然接受死亡（深層的恐懼與潛藏的焦慮，是激勵人生一切不怎麼遠大的抱負的動力），我們才能無拘無束決定自己的價值觀，不盲目追求不合邏輯的不朽，並且擺脫危險又教條式的看法。

死亡的陽光面

我攀著一塊石頭又一塊石頭，穩健地往上爬。這個一再重複的高強度體力活動，導致我腿部肌肉緊繃、疼痛，但眼見快到崖頂，我興奮地有些恍神、欲罷不能。到了上頭，仰望一望無際的天空，我一個人立在崖頂。朋友都在下面，對著海面拍照。

最後我爬過一塊巨石，整片海景盡入眼簾。從這裡，可以清楚看見遠端海平面的弧線，彷彿那是地球的盡頭。海天一線的景致一藍如洗。嘶吼的強風颳過我的臉龐。我仰頭望天，陽光燦爛，美不勝收。

我站在南非的好望角，以前人們以為這是非洲的最南端，也是世界的最南端。這裡海象險峻，常有暴風雨肆虐，海域危機四伏，險象環生。這裡見證了幾百年的貿易、商業史，也見證了人類的努力與奮進。諷刺的是，這裡雖叫好望角，卻也是失望角。

葡萄牙有句諺語 Ele dobra o Cabo da Boa Esperança。字面意思是：「他環繞好望角而行。」意思是這個人已日薄西山，無法再有任何成績或成就。

我跨過石塊，朝崖邊走去，想更貼近大海，讓廣闊的海面吞噬我。我淌著汗，卻覺得冷；興奮卻緊張萬分。**這就是盡頭嗎**？

強風灌耳，我聽不到任何聲音，但是我看到了盡頭：懸崖和虛無只有一線之隔。我站著不動，離懸崖邊緣只有幾碼，可以清楚看見腳底下的怒潮拍擊著峭壁。海浪以排山倒海之勢撲向堅不可摧的崖壁。再往前一點，就是至少近五十公尺高的斷崖，下面怒濤滾滾。

我的右邊是觀光客，散見在下面的風景區拍照，或是像螞蟻般列隊而行。左邊是隔著印度洋的亞洲。眼前是漫無邊際的天空，後面幾步是萬丈深淵，是我一直念念不忘的目的地。

如果這就是盡頭呢？**如果盡頭就是這樣呢**？

我環顧四周，發現只剩我一個人。我往崖邊跨出第一步。

人體似乎生來就有一個雷達，一旦發現危及生命的情況會立刻示警。例如，站在沒有護欄的懸崖邊、離崖邊僅僅三公尺，身體會立馬緊繃、背部僵硬、皮膚腫脹，雙眼目不轉睛，不放過周遭任何一個細節。雙腳猶如岩石固定不動。這時彷彿有個看不見的大磁鐵，將你的身體緩緩拖回到安全範圍內。

但是我拒絕磁鐵的吸力。拖著重如石塊的雙腿，繼續往崖邊靠近。

現在距離崖邊僅一．五公尺，這時腦袋也加入熱鬧的派對。現在我不僅看得到懸崖的邊緣，**低頭**還看得到底下的崖壁，腦袋出現各種跌倒、失足、滾下崖，撲通一聲掉入大海的恐怖畫面。你的腦袋提醒你，**還**遠得很呢。另一個聲音說，**笨蛋，你在幹什麼**？**別再往前走了，停下來**。

我叫腦袋閉嘴，然後繼續蹣跚往前。

到了崖邊一公尺處，身體進入最高的紅色警戒狀態。現在只差一個不小心、踩到鞋帶跌倒，就可見到死神。要不然，強風也會把你捲到天人兩隔的大海裡。你雙腿顫抖，蔓延到雙手。若想出聲勸自己別做傻事，會發現連聲音都是抖的。

一公尺的距離是多數人的絕對極限。因為近到彎身就能看到讓人粉身碎骨的深淵，但又安全到不會一個不小心就有奪命的危險。站在靠近絕壁的邊緣，還是會讓人感到一陣暈眩，忍不住反胃，即使這絕壁是風景如畫、美得令人陶醉的好望角。

這就是盡頭了嗎？盡頭就是這樣嗎？我已經搞懂所有我該知道的嗎？

我又小小前進了一步，然後再一步。現在距離崖邊只剩半公尺了。支撐我全身重量的前腿一直發抖，但我還是拖著軟腿往前走。對抗磁鐵的吸力，對抗腦袋的勸說，對抗所有求生的本能。

現在只剩三十公分了。低頭就看得見崖壁。我突然忍不住想放聲大哭。身體本能地蜷曲，藉此對抗一些難以名狀或無中生有的威脅。強風無情地肆虐，思緒朝你伸出右勾拳，打得你鼻青臉腫。

在距離崖邊三十公分的地方，感覺整個人飄了起來，彷彿飛上了天，成了天際的一分子（只要不直視下方）。這時你的確有點想縱身跳下去。

我蹲伏蜷縮著身子，喘著氣，整理思緒，強迫自己俯瞰高崖下的白浪拍擊著巨岩。然後轉頭再次看向右邊，望著底下螞蟻般的人群在景點說明牌四周打轉拍照，有些人追著遊覽巴士，我心想運氣好的話會不會有人抬頭看到我。這時還想得到別人關注，非常荒謬，但整件事從頭到尾都很荒謬。當然啦，我離他們那麼遠，要看到我實在不太可能。即使看到了，因為距離過遠，他們能說或能做的也有限。

除了風聲，我什麼也聽不見。

這就是盡頭嗎？

我的身體一直打顫，恐懼感已漸漸被盲目的幸福感取代。我集中心神，整理思緒，讓自己進入近乎冥想的狀態。沒有什麼能讓人這麼有存在感、這麼有覺察力，除非你站在離死亡僅只幾吋之遠。我直起身，再次看向遠方，禁不住露出微笑。我告訴自己，死亡沒什麼可怕。

人主動就死、甚至興奮地直接面對死亡，自古以來就被熱烈探討。古希臘的斯多葛學派呼籲大眾隨時將死亡放在心上，才會更珍惜生命，面臨逆境也才更謙卑。在佛教諸多宗派裡，冥想與打坐其實是一邊為死預作準備，同時又保有知覺地活著。將自我消融在廣袤的虛無裡，進入所謂開悟的狀態，彷彿試著讓自己跨越到另一個世界。就連一頭亂髮的神經病馬克．吐溫（據悉他出生與死亡時剛好有哈雷彗星出現）都說過：「恐懼死亡來自於恐懼活著。生活充實的人已隨時準備好死亡。」

回到懸崖邊，我彎身蹲下，微微後傾，用雙手扶著背後的地上坐下來。我慢慢伸出一隻腳，超過懸崖的邊緣，一塊小岩石突出於崖壁，我便將腳放了上去。然後伸出另一隻腳，放在同一塊石頭上。我坐了一會兒，重心往後，用雙掌撐著，強風吹亂我的頭髮。只要我專心注視遠方的地平線，焦慮感已沒那麼難以忍受。

我再度坐直身子，俯瞰底下的懸崖峭壁。恐懼感再度升起，從脊柱一路往上竄，攫住四肢，心思如雷射般精準地協調身體的每一吋，只怕牽一髮而動全身，一個不小心就會粉身碎骨。恐懼感掐住全身，讓人幾乎窒息。每被掐住一次，我就放空，專心注視著崖底，逼自己直視可能的葬身之所，逼自己承認死亡的存在。

我坐在世界的邊緣，好望角的最南端、進入東方的門戶，心情激動振奮，腎上腺素加速分泌。我的身體靜止不動，思緒與意識卻極度活躍，從來沒有這麼振奮過。我聽著風聲、看著怒濤、眺望地球的盡頭，然後開心地笑了。陽光燦爛，感覺如此美好。

正視生命有盡很重要，因為有助於棄捨蹩腳、脆弱、膚淺的價值觀。多數人拚了命追逐名、利、關愛，或是需要他人一再肯定自己沒錯，肯定自己有人愛。但是死亡會逼著我們正視更痛苦卻也更重要的問題：你能留給世人什麼？

當你走了，這個世界會有什麼不同？這世界會更好嗎？你留下什麼印記？你帶給後人什麼影響？人云非洲一隻蝴蝶動一下翅膀，遠在美國的佛羅里達州可能出現颶風。所以，你走後會掀起什麼樣的颶風？

貝克爾指出，這搞不好是我們人生**唯一**真正重要的問題，但是我們一直迴避。一、因為這問題很難回答。二、因為這問題讓人害怕。三、因為我們根本不知道自己在幹啥。

若我們迴避這個問題，瑣碎、讓人生厭的價值觀會綁架我們的大腦，控制我們的欲望與抱負。迴避無所不在的死亡凝視，膚淺的事物會變得重要，重要的事物反而顯得膚淺。人終將一死是我們唯一能確信的事。正因為如此，死亡是我們人生的指南針，為我們指引價值觀與抉擇的方向。死亡正確解答所有我們該問（卻從不問）的問題。若想泰然接受死亡，唯一的辦法是瞭解自己，把自己看得再大一點。也就是說，我們選擇的價值觀不只要服務自己，也要延伸於他人；要簡單且有立竿見影的效果，在自己的能力控制範圍內，且能包容外在嘈雜紛亂的世界。正確的價值觀是所有快樂的基礎與根本。不論是亞里斯多德、哈佛大學心理學家、耶穌基督或披頭四，他們一致認為，快樂來自於同一件事：關心比自己更重要的人或事；相信自己是更大整體的布考斯基曾經寫道：「我們都將一死，沒有任何人例外。這是個多精彩的馬戲團啊！光是這點，就應該讓我們彼此相愛，但事實不然。我們被生活瑣事搞得如驚弓之鳥，俯首稱臣。我們被虛無吞噬。」

回顧那天晚上，站在湖邊，看著好友喬許的屍體被救護人員撈上來，我記得自己當時注視著德州黑漆漆的天空，看著自我漸漸融入黑暗。喬許過世後，我學到很多，遠遠超出預期。是的，我學會要把握每一天，學會為自己的選擇負責，學會放膽追求夢想，不要怕丟臉，不要被障礙所限。

但這些只是小菜，還有更深層、更核心的課題：世上沒有什麼好害怕的，一點也沒有。這些年，不論是透過冥想、閱讀哲學書籍、幹些瘋狂事（例如站在好望角的懸崖上），我都時時提醒自己生命有其止境，這是唯一能讓我將無所懼這個認知擺在腦袋最顯眼位置的方式。接受自己會死，瞭解自己脆弱不堪一擊，一切就變得簡單多了。不管是戒掉毒癮、電玩癮，認清並對抗自以為是，接受自己的問題自己扛，忍受恐懼與不確定性，或是接受失敗與拒絕，這些全因為想到自己會死而變得更輕鬆簡單。我愈是深入凝視黑暗，人生愈是光明，心境愈顯平和，愈能避免不自覺地抗拒任何事。

我花了幾分鐘坐在好望角的懸崖邊，飽覽一切。當我終於決定起身時，我用雙手撐著背後，慢慢站起身。我仔細檢查四周的地面，確定沒有一個不安分的石頭會釀成我的不幸。確定自己安全後，我開始退回到現實，一．五公尺、三公尺，每退後一步，身體就恢復一點。腳步愈來愈輕，我讓生命的磁石再度吸住了我。

我往後退，跨過幾個石塊，回到主要的小路上，抬頭看到一名男子盯著我瞧。我停下腳步，和他交換眼神。

「我看到你坐在那一頭的懸崖邊。」他說。他說的英文帶著澳洲腔。「那一頭」這個字不自然地從他口裡冒出來。他指著南極的方向。

「沒錯。那裡的風景棒透了，你說是吧？」我笑答。他沒有笑，反而露出嚴肅的表情。

我在短褲上搓掉手上的土，身體因為從緊繃到放鬆，還有些顫抖。兩人尷尬地沒說話。

對方站了一會兒，露出不解的表情看著我，顯然想對我說些什麼。過了一分鐘，他小心翼翼地問我：「一切都還好吧？你沒事吧？」

我沉默了片刻，但依然面帶笑容。「活著，非常有精神地活著。」

感謝麥可・柯維爾（Michael Covell）做我知識方面的壓力測試表，尤其是碰到心理學方面的研究，同時感謝他不時挑戰我提出的假說。感謝編輯路克・丹普西（Luke Dempsey），不留情地鞭策我的寫作品質，甚至比我還會爆粗口，但為此，我感激不已。感謝經紀人莫莉・葛立克（Mollie Glick），協助我為這本書定調，不遺餘力把此書遠遠推到我從未想過的世界。感謝泰勒・皮爾森（Taylor Pearson）、丹・安德魯（Dan Andrews）與裘蒂・伊騰伯格（Jodi Ettenburg）一路力挺。你們三人讓我知道要為自己的所作所為負責，同時保持理智；這正是每個作者必備的唯二條件。

最後，感謝數百萬的讀者。不管大家是出於什麼理由決定讀一讀波士頓一個滿嘴髒話的混小子在部落格書寫的人生觀。蜂擁而來的電子郵件，毫不保留地對我敞開最私密的角落。這些完全陌生的人，讓我學會謙虛，也給我諸多靈感。在我人生現階段，我花了數千小時閱讀、鑽研這些主題，但你們大家會一直是我真正的教材。謝謝大家。

國家圖書館出版品預行編目資料

管他的：愈在意愈不開心!停止被洗腦,活出瀟灑自在的
快意人生 / 馬克.曼森（Mark Manson）著 ; 鍾玉玨譯.
-- 初版. -- 臺北市 : 大塊文化, 2017.04
面 ;　公分. --（smile ; 140）
譯自 : The subtle art of not giving a fu*k : a counterintuitive
approach to living a good life
ISBN 978-986-213-788-8（平裝）

1. 生活指導　2. 自我實現

177.2　　106003380

LOCUS

LOCUS

LOCUS

LOCUS